APRENDIARIO

By
Donald N. Flemming
Keene State College

Illustrations by
Robert G. Mowry
Susquehanna University

UNIVERSITY
PRESS OF
AMERICA

Lanham • New York • London

University Press of America, Inc.

4720 Boston Way
Lanham, MD 20706

3 Henrietta Street
London WC2E 8LU England

Printed in the United States of America

British Cataloging in Publication Information Available

Library of Congress Cataloging-in-Publication Data

Flemming, Donald N.
Aprendiario / by Donald N. Fleming ; illustrations by Robert G. Mowry.
p. cm.
Spanish and English.
1. Spanish language—Readers—Spain. I. Title.
PC4127.S63F55 1989 468.6'421—dc19 89–30702 CIP
ISBN 0–8191–7390–8 (alk. paper)
ISBN 0–8191–7391–6 (pbk.: alk. paper)

All University Press of America books are produced on acid-free paper.
The paper used in this publication meets the minimum requirements of American National Standard for Information Sciences—Permanence of Paper for Printed Library Materials, ANSI Z39.48–1984.

Dedication

This text is dedicated to my many students who have reported to me in great detail about their experiences in Spain. I am especially grateful to Betsy Allard, Kelly Conway, Noreen DePanfilis, Walda Edmondson, Sally Kingston, Heidi Louks and Debbie Tyszko whose journals gave me the inspiration - and the material - for Aprendiario.

Acknowledgements

I would like to take this opportunity to express my gratitude to the Administrators at Keene State College who have supported the development of this text. I am grateful to the various staff members who worked on the manuscript in various stages but especially to my secretary, Judy Powers, who put in long hours to carefully prepare the final draft for publication. I am also grateful to those colleagues who read the manuscript and made suggestions for improvement. I would single out my good friend, Dr. Robert Mowry, whose illustrations accompany the following narrative. His encouragement and feedback have sustained me through the long process from inspiration to press run.

Muchas gracias to one and all.

Donald N. Flemming
Keene, New Hampshire
December, 1988

INDICE

Note to the Instructor

Aprendiario, an intermediate level reader with built-in exercises for language development, is designed for use during a fourteen week semester but can be modified for use with other calendar arrangements by eliminating or expanding upon some of the suggested activities.

As the title suggests, the narrative portion of the text deals with the daily learning experiences of an American college student, Sara, who goes to Spain for a semester of study abroad. She reports on her experiences in an informal fashion, recording them as journal entries.

Users of this text will find a wealth of cultural information which can be exploited in the language classroom for discussion purposes. Thus, the textual material will be relevant to all Spanish classes, but particularly so for those institutions which send students to Spain to study.

The essential "problem" at the intermediate level is a deficiency in vocabulary. This text is designed to attack this problem directly. Furthermore, the words and expressions used are appropriate not only for writing, but for speaking as well, since Sara uses, in most instances, strictly colloquial language. By requiring students to focus on vocabulary and by allowing them to imitate Sara's style in their own compositions, instructors will soon note a marked increase in the word-power of their students.

Each chapter of the text is structured as follows:

1. a narrative section consisting of journal entries
2. a selected list of vocabulary items-to be assigned for memorization
3. vocabulary exercises for practice in using words from selected list
4. idiom practices-translation exercises involving idioms used in the narrative in the narrative
5. reading comprehension questions many of which lead to cross-cultural discussions

In addition, a complete listing of all the idioms employed in the text appears as an appendix. The final section of the book is a comprehensive Spanish-English glossary. Cultural footnotes appear throughout the text to provide background information on some of the items referred to by Sara. The illustrations will aid the reader in making the leap from the classroom to Sara's world.

The instructor might employ this text during a typical week by structuring the learning activities as follows:

Day 1 a.) general discussion of previously assigned reading (narrative text)

1.) instructor clarifies troublesome words, passages, concepts in response to student questions.

b.) students respond orally and individually in class to "¿HAS COMPRENDIDO?" section.

c.) instructor leads a group discussion to develop possible composition themes.

d.) assignment: a one or two page composition on a cultural theme related to the topic.

Day 2 a.) instructor collects compositions

b.) students respond orally and individually in class to vocabulary exercises

c.) instructor leads discussion of cultural topics from chapter focussing on topics chosen for compositions

d.) assignment:
1. study vocabulary lists at end of chapter.
2. write idiom practices

Day 3 a.) vocabulary quiz-(select 10-15 words from lists assigned.)

b.) have students write "modismos" on blackboard (one sentence per student)

1.) class corrects each sentence orally-confirmed by instructor
2.) students self-correct their own papers
3.) instructor collects papers and grades them to insure attention to corrections

c.) instructor presents grammar review based on a selection of common, but important errors found while reviewing compositions.

    1.) instructor returns compositions to students having previously underlined incorrect segments (no corrections are made however)
    2.) students examine their compositions while listening to instructor's comments

d.) assignment:

    1.) rewrite compositions (to be turned in for grading)

        a. students will use instructor's comments for revision or expansion of <u>content</u>
        b. students will correct <u>grammar</u> based on instructor's review in class

    2.) read next chapter-narrative section

Note: On any given day if the suggested activities do not fill the entire period, the idioms in the appendix provide ample material for discussion, language practice, writing, etc.

The format described above allows for the development of all four language skills: listening, speaking, reading and writing. This text is well suited to a proficiency-oriented classroom. A central goal is the development of vocabulary including colloquial expressions and idioms. Accuracy is addressed through the attention given to editing skills as student compositions are revised. And the "Cuestionario" sections contain only questions which are contextualized, as well as culturally relevant. The instructor can easily personalize class discussions by asking students to identify with Sara and and respond in their own way to her experiences. Listening comprehension can be further enhanced by utilizing appropriate audio visual materials such as tape-filmstrip programs (<u>Let's Visit Spain, La Corrida</u>), slide tape shows either personally or commercially produced, or video programs such as <u>España Viva</u>.

My best wishes for a successful experience with <u>Aprendiario.</u>

Donald N. Flemming
December, 1988

Capítulo I

Vocabulario *

Sustantivos

agüero-omen
alivio-relief
azafata-stewardess
demora-delay
despedida-farewell
dominio-control, mastery
entrega-delivery
gastos-expenses
lío-mess
madrugada-early AM
respaldar-back (of chair)
rodeo-rounds
tamaño-size
truco-trick
vuelo-flight

Verbos

acercarse-to approach
ahorrar-to save
animar-to encourage
apoyar-to support
apuntar-to write down
enterarse-to find out
estacionarse-to park
intentar-to try
parecerse a-to look like
quedar-to be left
recoger-to pick up
resultar-to turn out
soñar con-to dream about
tardar-to take (time)
vacilar-to hesitate

Otras palabras y expresiones

a pesar de-in spite of
cada vez más-more and more
de pronto-suddenly
de todas maneras-any way
en cuanto a-as for, concerning
de todas maneras-any way
en seguida-immediately
¡fíjate!-imagine
ida y vuelta-roundtrip
por el estilo-like that
por fin-finally, at last
por poco-almost
puesto que-since
¡qué ilusión!-how exciting
¡qué rollo!-what a hassle!
valer la pena-to be worthwhile

*Note: Words not listed here may be found in the bilingual dictionary which begins on page 177. There is a complete list of idioms in Appendix I.

Capítulo I

Práctica de vocabulario

Complete las frases siguientes empleando palabras apropiadas de las listas anteriores.

1. Sara creía que la __________ en la llegada de sus billetes era un mal __________.

2. Evidentemente, la __________ atrasada __________ ser la culpa de un empleado nuevo.

3. Sara sintió gran __________ cuando se __________ que los billetes habían llegado.

4. La __________ de su familia era triste pero su madre la __________.

5. Cuando anunciaron el __________, Sara se __________ al avión.

6. Sara __________ encontrar su asiento y pidió la ayuda de la __________.

7. El interior del avión se __________ a un cine; Sara estaba muy impresionada con el __________.

8. Sara inclinó el __________ del asiento y empezó a __________ con estar en España.

9. Se preguntó si había __________ suficiente dinero para costear todos los __________ de su semestre en España.

10. Después de que las azafatas habían hecho sus últimos __________ con el café, __________ muy poco tiempo antes del aterrizaje.

11. Sara se preguntó si tendría bastante __________ del español sin nadie para __________ la.

12. Se dijo que no iba a __________ en __________ todo lo nuevo que iba a ver.

13. El avión llegó a Madrid en la __________ y se __________ bastante lejos de la terminal.

14. Sara se preguntó si había algún __________ pero el autobús no __________ en llegar para llevar a los pasajeros al edificio.

15. Al __________ las maletas, Sara se metió en un gran __________.

Capítulo I

Práctica de modismos

Traduzca las frases siguientes al español después de repasar el uso de cada modismo en el texto.

1. How exciting! I'm going to Spain next semester.
2. I think it will be really worthwhile to study there.
3. Imagine! Five months away from home!
4. Since I want to learn Spanish well, I think it is the best way.
5. I almost changed my mind when my boyfriend protested.
6. Finally, he admitted that it is a good thing to do.
7. But more and more I realize how much I will miss him.
8. In spite of these feelings, I know that I should go.
9. Anyway, we'll be together for a lifetime when I get back.
10. I already bought my round trip tickets.
11. As for money, I think I'll take traveler's checks.
12. I wonder what it will be like to find myself suddenly in a strange city.
13. I think they have an orientation program or something like that.
14. I'll have to start making my final preparations immediately.
15. What a hassle it will be if I don't prepare myself well!

Capítulo I

¿HAS COMPRENDIDO?

1. ¿Qué idea tiene Sara de España antes de ir para allá?

2. ¿Habla ella muy bien el español?

3. ¿Cómo reaccionaron sus padres a la idea de estudiar en España?

4. ¿Por qué seleccionó un programa en Sevilla?

5. ¿Cuál es la diferencia en cuanto al costo entre los estudios en EEUU y los en España?

6. ¿Qué sabe Sara de su vida venidera en España?

7. ¿Qué le pasó a Sara durante la larga espera?

8. ¿Qué dudas tenía Sara?

9. ¿Qué dificultad tuvo a último momento?

10. ¿Cómo fue la despedida de su familia?

11. ¿Cómo reaccionó a la comida en el avión?

12. ¿Por qué no pudo dormir mucho en el avión?

13. ¿Cómo son los campos de Castilla?

14. ¿Cómo se sentía Sara al llegar a España?

15. ¿Qué tuvo que hacer al llegar al aeropuerto?

16. ¿Qué dificultades tuvo con el equipaje?

17. ¿Por qué era difícil la llamada telefónica a Sevilla?

18. ¿De dónde parten los vuelos para Sevilla?

19. ¿Por qué quería Sara usar una carretilla ?

20. ¿Qué notó al llegar a Andalucía?

Capítulo II

Querido diario, 31 de enero

El aeropuerto de Sevilla es muy pequeño y otra vez hubo que tomar un autobús desde el avión a la terminal. Pero esta vez no había esperas de ninguna clase. El equipaje llegó pronto y no había necesidad de pasar por aduana o inmigración.

Puesto que no tenía muchas pesetas, decidí cambiar un cheque de viajero en el aeropuerto. Había un banco allí pero estaba cerrado, así que pregunté en la oficina de Iberia[1] si me harían el favor. Muy amablemente me dijeron que sí por lo cual yo quedaba muy agradecida.

El director de mi programa no vino para recogerme. Me había escrito que era muy fácil llegar a Sevilla y que además sería una buena introducción a mi nueva vida. Noté que había autobuses que hacían el recorrido desde el aeropuerto hasta centro ciudad. A lo mejor los autobuses son mucho más baratos, pero yo decidí tomar un taxi porque quería ir directamente a mi casa. Antes de subir le pregunté al taxista que cuánto me cobraría por el viaje--esto para evitar engaños o disgustos después. Nos pusimos de acuerdo y luego en marcha.

Lo primero que noté eran las palmeras y los nopales. Me recordaban la Florida. Luego vi los carteleros con publicidad de compañías norteamericanas (o multinacionales): Yoplait, Michelin, Winston, etc. Vi también los campos de cultivos y lo verde que estaba todo. Me sorprendió mucho porque siempre había creído que España era un país seco y por eso pardo. Al acercarnos a la ciudad vi las nuevas urbanizaciones--series de condominios que parecen bloques de ladrillo y hormigón--no muy hermosos que digamos.

Por fin el taxi se detuvo frente a una casa ni vieja ni nueva en una zona que parecía residencial aunque había tiendas en todas las piezas de la planta baja. Puesto que había avisado a mi "familia" que llegaba hoy, yo sabía que me esperaban. Sin embargo, al probar la puerta, estaba cerrada con llave. Otra

1. Iberia: la línea aérea nacional de España.

ASCENSOR
MOWRY 85

vez sentí ganas de llorar pero el taxista acudió para salvarme. Al lado de la puerta hay un mecanismo extraño que se parece a un radio. Tiene una serie de botones--cada uno con un número al lado. Resulta que este chisme, que se llama el telefonillo, sirve para llamar a los varios pisos y anunciar la visita (o llegada). Una vez identificada la persona que llama, los de arriba aprietan otro botón el cual abre la puerta principal electrónicamente.

Le di las gracias al taxista y, después de pagarle, entré con las maletas. Había llegado hasta el tercer piso (donde creía estar mi nueva casa) cuando una señora se asomó arriba y me preguntó gritando que qué hacía. ¡Quién lo hubiera creído! No solamente me equivoqué de piso--resulta que lo que nosotros llamamos el tercero es sólo el segundo en España--sino que tampoco me había fijado en la existencia de un ascensor. ¡Qué vergüenza! Subí al piso debido y una vez adentro todos se rieron de mí. Quería llorar. Quería estar de vuelta con mi madre, con mis amigos, con Rickey. Pero no, estaba aquí. Estaba en España.

Pasada la vergüenza inicial, todos me saludaron muy cordialmente y me enseñaron mi habitación. Otro choque bastante fuerte: es un dormitorio muy chiquitito con dos camas y un armario pequeño. Además hay un escritorio con una lámpara que no da mucha luz. Eso es todo. Y yo con tanto equipaje que no sabía dónde iba a meter todas mis cosas. Luego me presentaron a mi compañera de cuarto--Lola--quien estudia en la universidad de Sevilla. Era casi imposible movernos dentro del espacio reducido del dormitorio. ¿Y esta va a ser mi casa por los próximos cuatro meses?, pensé.

Al principio no podía entender quiénes eran todas estas personas a mi alrededor. Había dos señoras mayores y una más joven además de Lola, una chica más o menos de mi edad. Las cuatro parecían hablar todas a la vez con una rapidez fenomenal y con un acento para mí muy extraño. ¡O estas no hablan bien el español o mis profesores me han engañado mucho! me dije. No cogía ni la mitad de lo que comentaban pero para no parecer maleducada, me sonreía y decía que sí a todas las preguntas. ¡Qué horror!

Bueno, luego supe que María Cristina, una señora de unos cincuenta años, es la dueña del piso. Además de Lola y yo, viven con ella su hermana soltera María Dolores y su hija (la de María Cristina) Josefina. María Cristina me ha parecido desde el primer momento una persona bonachona, una que tiene un interés sincero en llegar a conocer a una norteamericana. Pero su hermana parece ser una mandona malhumorada.

Puesto que había llegado por la tarde, después de veinticinco horas de viaje, después de conocer a la gente de mi casa, fui al dormitorio para deshacer las maletas. Como no me fue nada fácil--me faltaba lugar para guardar todas las cosas--quedé bastante frustrada y aun más cansada. Era natural pues, que me acostara--todavía sin darme cuenta de la hora local[2]--cosa que me importaba un bledo de todas maneras. ¡Qué sorpresa, pues, cuando, a las pocas horas de dormir, entra la señora y me dice que hay que cenar! Quería poner el grito en el cielo, pero me contenía por cansancio más que por educación. Bueno, como no había más remedio, me vestí y salí para cenar.

La cena consistía en una sopa espesa de naturaleza indeterminable y luego una tortilla española. Esta me parecía muy pesada con mucho aceite y cebolla y ¡¿ patatas?! ¡Qué va! De postre me sirvió naranjas. Yo, con el sueño que tenía, no hice mucho caso a lo que comía pero me sentía muy lejos de casa--nada me era conocido. Al terminar la cena, la señora me preguntó si quería tomar un vaso de leche caliente para ayudarme a dormir. ¡Caramba!

Hoy me desperté temprano--claro, para mí, el reloj interno todavía marcaba seis horas de diferencia--y salí al salón. La señora me dijo de inmediato--"No, no, quédate en tu habitación y yo te traigo el desayuno." Otra vez sin comprender lo que pasaba, cumplí. Llegó al momento la señora con café con leche y unas galletas dulces. Eso fue todo.

La primera cosa que quería hacer esta mañana era encontrar un teléfono para llamar a mi familia en EEUU. No pude hacer la conferencia desde mi casa porque, según la señora, las tarifas en la cuenta mensual no se enumeran como en Estados Unidos. O sea, la cuenta indica una cantidad a pagar sin explicar los detalles de las llamadas. Por eso, para evitar gastos innecesarios, ella prefería que yo hiciera las conferencias en la telefónica. Me explicó que la telefónica[3] se encuentra en el centro.

Pues, claro, al llegar, yo no tenía ni idea sobre el sistema aquí. Por eso María Cristina me acompañó para ayudarme. No es difícil pero sí hay que tener mucha paciencia. Entré en la oficina y le dije a una operadora que quería llamar a los Estados Unidos cobro revertido. Ella me dio un formulario para rellenar y luego me dijo que esperara hasta que me indicara el

2. Hay seis horas de diferencia entre Sevilla y Nueva York (es más tarde en Sevilla.

3. La telefónica se encuentra en la Plaza Nueva, No. 3.

número de cabina. Después de mucho tiempo escuché "Estados Unidos--número 14". Entré en la cabina y me puse a hablar--así nada más. Ahora todo me suena muy fácil pero entonces--¡ay!--ni siquiera quiero recordar.

Al llamar, todavía me encontraba muy desorientada, sola, e infeliz. Al escuchar la voz de mi mamá, rompí a llorar como una nena. Casi no podía hablar. Le dije a mamá que quería volver a Estados Unidos cuanto antes, pero ella me tranquilizó--asegurándome que eran cosas de los primeros momentos y que seguramente pasarían. Quizás tenga razón pero en aquel momento yo por cierto no quería dársela. ¡Ay, qué horror! Me dolió mucho decir adiós esa primera vez. Mi madre prometió llamarme en casa y eso me alivió algo. María Cristina me había dicho que no hay ningún problema si mis padres o amigos quieren llamarme directamente a casa. Al parecer es mucho más barato hacerlo así.

Después de hablar con mi madre comencé a pensar en los amigos y quería escribirles a todos. Le di las gracias a María Cristina y nos despedimos - ella iba de compras y yo quería pasearme por el centro. Había visto tarjetas postales en una tienda de regalos y compré varias con fotos de los monumentos turísticos de Sevilla ...pero además quería escribir cartas más largas y por eso compré aerogramas en Correos.[4] María Cristina me había dicho que podía comprar sellos en los estancos de tabaco que se encuentran por todas partes--todos tienen el mismo letrero chocolate y amarillo.

Había cambiado un cheque en el aeropuerto, pero quería cambiar más dólares porque no tenía idea del valor relativo de la peseta y temía que se me acabaran en un momento inconveniente. Además, me habían dicho que los bancos se abren sólo por la mañana. Yo creía que cualquier banco serviría para cambiar moneda pero no es así. Me metí en el Banco de España pero muy amablemente me dijeron que allí no se hacen cambios de divisas. Al parecer hay que buscar un letrero que tienen muchas Cajas de Ahorros. Tiene las banderas de varios países: Alemania, Francia, Inglaterra, Estados Unidos y dice "Cambios" en varios idiomas.

Pues, entré en uno de estos bancos y me acerqué a la ventanilla que tenía un letrero anunciando "Cambios". Le dije al empleado que quería cambiar un cheque de viajero de cien dólares. El me dijo que bien y me pidió el pasaporte y me preguntó mi domicilio. Luego me explicó el cambio, según las

4. Correos-Avenida Constitución, 32.

cotizaciones del día, y también explicó que el banco se guarda una comisión pequeña por el servicio. Luego me dio un papel y tuve que pasar a otra ventanilla--la caja--para cobrar las pesetas. Lo que a mí me impresionó es que cuando hice cola para hacer el cambio, había gente de muchos países esperando también: franceses, alemanes, italianos, norteamericanos, ingleses, etc...Claro, Sevilla es una ciudad de gran interés turístico y vienen aquí miles de extranjeros cada año.

Capítulo II

Vocabulario

Sustantivos

aduana-customs
cansancio-tiredness
conferencia-long distance call
domicilio-address
dueña-owner
estanco-tobacco shop
extranjero-foreigner
habitación-bedroom
letrero-sign
mitad-half
piso-floor, apartment
salón-livingroom
sello-stamp
tarjeta-card
vergüenza-embarrassment

Verbos

acudir-to show up
apretar-to push, squeeze
asomarse-to appear
avisar-to advise,let know
contenerse-to control oneself
cumplir-to carry out, comply
detenerse-to stop
encontrarse-to be
evitar-to avoid
faltar-to be lacking
guardar-to keep, store
llegar a-to get to
probar-to try
saludar-to greet
vestirse-to get dressed

Otras palabras y expresiones

al parecer-apparently
cobro revertido-collect
cuanto antes- as soon as possible
estar de vuelta-to be back
hacer caso-to pay attention
ni siquiera-not even
no haber más remedio-to be unavoidable
(no)importarle a uno un bledo-not to give a damn
poner el grito en el cielo-to raise the roof, hit the ceiling
ponerse de acuerdo-to come to agreement
por cierto-for sure
que digamos-in my opinion
qué horror-how awful
¡qué va!-You've got to be kidding!
romper a - to burst out, to begin suddenly

Capítulo II

Práctica de vocabulario

Complete las frases siguientes empleando palabras apropiadas de las listas anteriores.

1. Sara tuvo que __________ se en la __________ para mostrarles su equipaje.

2. El director no __________ para recogerla así que Sara llamó a un taxista quien le pidió el __________.

3. Sara __________ el botón para llamar a la __________ del apartamento.

4. La señora se __________ en el tercer __________.

5. Sara tenía mucha __________ porque se __________ en el segundo piso.

6. Al entrar en el __________, todos la __________ muy amistosamente.

7. Debido a su __________, Sara no pudo __________ se y empezó a llorar.

8. Le indicaron su __________ y Sara notó que había poco espacio para __________ sus maletas.

9. Aunque era __________, Sara quería __________ con todas las reglas sociales.

10. Pero a pesar de sus deseos, sabía que no __________ a entender ni la __________ de las nuevas costumbres.

11. María Cristina le __________ que la cena se serviría en diez minutos. Sara no tenía hambre pero quería __________ todo.

12. Quería __________ disgustos pero en ese momento le __________ fuerza espiritual.

13. Después de __________, Sara le preguntó a María Cristina sobre las __________.

14. Sara necesitaba __________ para mandar sus __________ postales.

15. María Cristina le dijo que podía comprarlos en los __________ que tienen __________ marrones y amarillos.

Capítulo II

Práctica de modismos

Traduzca las frases siguientes al español.

1. Maria told me she had tripe (callos) for dinner. How awful!

2. Apparently, I'll have to get used to lots of strange things.

3. But I'm not going to eat octopus (pulpo). I don't give a damn what they say.

4. As soon as possible, I have to call my parents.

5. Of course I'll call collect, but I'll tell them to call me in the future.

6. My father will probably hit the ceiling if I tell him what my room is like.

7. I don't even have room to hang my clothes.

8. But I suppose it's unavoidable.

9. Lola and I have come to an agreement about use of the desk.

10. I'm going to miss my long hot showers for sure.

11. When Maria Cristina told me there was only hot water in the morning, I almost told her, "You've got to be kidding!"

12. Well, life here isn't as easy as in the U.S. in my opinion.

13. I like it here very much but it will be good to be back home.

14. It bothers me some when they burst out laughing when I say something funny.

15. I try not to pay attention but it's hard.

Capítulo II

¿HAS COMPRENDIDO?

1. ¿Dónde cambió Sara un cheque de viajero?

2. ¿Cómo llegó ella al centro?

3. ¿Qué hizo ella antes de subir al taxi?

4. ¿En qué se fijaba mientras viajaba a la ciudad?

5. ¿Cómo son las nuevas urbanizaciones?

6. ¿Por qué no pudo Sara entrar en la casa?

7. ¿Qué tenía que hacer antes de subir al piso?

8. ¿Por qué se equivocó de piso ella?

9. ¿Por qué se rieron de ella los españoles?

10. ¿Cómo se sentía Sara al llegar al piso debido?

11. ¿Cómo reaccionó Sara a su habitación?

12. ¿Quién va a ser su compañera de cuarto?

13. ¿Cuántas personas viven en esta casa?

14. ¿Quiénes son?

15. ¿Cómo hablan ellas?

16. ¿Cómo son las dos mujeres mayores?

17. ¿Por qué no quería Sara tomar la cena?

18. ¿Qué cosas le sirvieron?

19. ¿Para qué le ofreció un vaso de leche la señora?

20. ¿Por qué fue Sara a la telefónica?

21. ¿Cómo se sentía ella al hablar con su madre?

22. ¿Qué cosas compró para escribirles a sus amigos?

23. ¿Dónde se compran los sellos en Sevilla?

24. ¿Cuándo están abiertos los bancos?

25. ¿Qué es una Caja de Ahorros?

26. ¿Qué hay que presentar para cambiar un cheque de viajero?

27. ¿Por qué hay tantos extranjeros en Sevilla?

Capítulo III

Pensé que seria de provecho pasar por la Oficina de Turismo[1] que quedaba muy cerca del banco. Allí me dieron un plano de la ciudad y folletos describiendo los sitios de interés turístico, restaurantes, etc. Además pedí un cartel para fijarlo en mi habitación.

Ya se acercaba la hora de comer--eran las dos de la tarde, más o menos. En primer lugar no tenía la menor gana de volver a mi casa a pie. Segundo, me hice el razonamiento que sería de muy mala forma llegar tarde el primer día. Por consiguiente llamé un taxi y le di mi dirección. Aunque los españoles todos corren muchísimo en los coches, y los taxistas más que nadie, con la cantidad de vehículos, resulta que la circulación se hace casi imposible, especialmente en las horas puntas. Por eso, me costó media hora llegar a casa pero mis pies me lo agradecieron mucho de todos modos. Supe pronto la necesidad de llevar zapatos fuertes pero cómodos para hacer estos paseos de maratón.

Lola, Josefina, y yo nos sentamos a una mesa pequeña en el salón. Me sorprendió que ni María Cristina ni María Dolores se sentaran con nosotras.

El primer plato era sopa--un caldo de pollo con fideos. Luego sacaron el segundo plato--se llamó "rape". Tampoco me apetece mucho el pescado pero he decidido probar todo no sólo para parecer bien educada sino para llegar a conocer de cerca las costumbres españolas. El rape, ¡qué nombre más raro!; es un pescado blanco de buen sabor. El tercer plato consistió en una chuleta de cerdo y patatas fritas. Estas sí me eran conocidas--pero tanto la carne como las patatas salieron con mucha grasa--con sabor fuerte a aceite de oliva. Además había pan--algo parecido al pan francés--pero buenísimo, vino tinto, y agua mineral. El vino tinto me parecía extraño--salió en un paquete de papel como la leche en los Estados Unidos.

De postre tuvimos flan y frutas. Yo había probado un pudín semejante al flan en Estados Unidos pero aquí se sirve con una salsa de caramelo. Me gustó mucho.

1. Oficina de Turismo - Avenida Constitución, 21.

Todo el tiempo María Cristina insistía en que yo tomara más--que si no, me iba a enfermar. Traté de explicar que no tengo costumbre pero me era inútil. No me hizo caso. Durante la comida la conversación era muy animada. Lola y Josefina parecían tener mucho que decir pero María Cristina las interrumpió a cada rato. María Dolores se quedó en la cocina todo el tiempo. Cuando yo traté de decir algo, me escucharon cortésmente pero me dijeron que no debía pronunciar las eses porque en Sevilla no se habla así. ¡Qué raro! Dicen aquí--"etáh" en vez de "estás". No sé si voy a acostumbrarme. Yo no entendí mucho de lo que dijeron y les pedí que hablaran más despacio. Me respondieron que sí--con todo gusto--y luego siguieron soltando las palabras a chorro. ¡Madre mía! ¿Cómo voy a poder con esta gente?

Noté que Lola y Josefina mantenían el cuchillo en la mano derecha y el tenedor en la izquierda. Así que yo traté de imitarlas pero resultó algo incómodo. También me parecía extraño que ellas colocaran los codos sobre la mesa como si nada. Yo mantenía los brazos debajo de la mesa pero me parecía que me miraron de reojo al notar esto. No sé por qué. Le voy a preguntar a María Cristina más tarde.

Descansamos un rato después de la comida y luego Lola y Josefina me invitaron a dar un paseo con ellas. ¡Qué ilusión tenía porque quería sinceramente llegar a tener amistad con ellas! Yo me había prometido no hacer nada para ofenderlas. Con mucho entusiasmo les respondí que sí.

Nos costó casi media hora llegar al centro a pie. Después de salir de nuestro barrio tuvimos que cruzar el puente sobre el río Guadalquivir. Allí abajo vi unos botes de pedaleo y también vi a varias parejas de enamorados que se paseaban a lo largo del río. A lo lejos podía ver la Torre del Oro[2] y las agujas de la Catedral.[3] ¡Todo me parecía tan diferente! Los edificios tanto nuevos como viejos, los coches--todos muy pequeños--incluso los olores--a gas-oil, a aceite de oliva, a flores.

¡Y la gente! Eran todos bajos con la piel oscura y el pelo moreno. Vestían bien pero había algo diferente en cuanto al estilo--un no sé qué que me chocaba. Además, su paso lento, al parecer sin propósito, era un gran contraste a lo que veo

2. Torre del Oro: construida por los musulmanes cerca del Guadalquivir. Toma su nombre de su cúpula amarilla.
3. Catedral: la construcción fue iniciada en 1402; es la estructura gótica más grande del mundo.

normalmente en las ciudades en EEUU. Todos gesticulaban y parecían hablar todos a la vez. ¡Por cierto, estoy en otro mundo!

Llegamos a la calle Sierpes. Lola y Josefina me explicaron que es uno de los centros comerciales más importantes y además es el sitio adonde van todos los sevillanos durante las horas del paseo. ¡Qué variedad de tiendas! y qué olores--a café, a comida frita, a frutas. ¡Qué hambre me dio! Pero no dije nada para que no me consideraran una persona mal educada. ¡Qué alegría cuando sugieron ellas que nos metiéramos en un bar para tomar tapas!

Me preguntaron si prefería vino o cerveza. Decidí probar la cerveza y resultó ser más fuerte que los tipos que he tomado en EEUU. De todos modos me gustó. Luego pidieron raciones de pinchos, boquerones, y aceitunas. Supe que esta costumbre de tomar tapas es como "la hora alegre" que tenemos en EEUU. Todos se meten en un bar y piden aperitivos--una pequeña ración de comida frita o salada--y una copa de algo. Pero aunque las tapas son riquísimas lo que les parece interesar a los españoles más es el estar juntos con los amigos y conversar--todos a la vez y en voz muy alta y animada.

Al entrar, había poca gente y pudimos acercarnos a la barra y pedir sin esperar. Pero poco a poco el local se iba llenando y pronto estaba completamente atestado. Tuvimos que pararnos a unas seis pulgadas la una de las otras. Me sentía algo incómoda porque no tengo la costumbre de hablar con la gente a boca de jarro. Pero no había más remedio. Además, aunque nuestra conversación no tenía nada de secretos, ni mucho menos, me chocaba que cualquiera pudiera escuchar todo lo que dijéramos. Y nosotras igual. Sin embargo, a nadie le parecía importante este detalle.

Mis ojos empezaron a dolerme y la garganta también. Me pregunté por qué y de inmediato me di cuenta. Todo el mundo estaba fumando--Lola y Josefina también. Me habían ofrecido cigarrillos y noté que reaccionaron de una manera extraña cuando los rehusé. El bar se había llenado de una nube azul y yo, tratando de mantener abiertos los ojos, no estaba a gusto.

Después de terminar nuestras cervezas, Lola llamó al cantinero y pidió la cuenta. Fue entonces que noté que había llevado la cuenta escribiendo con tiza sobre la barra. ¡Qué raro! Pero evidentemente el sistema funciona bien y no se equivocan. Tampoco parecen preocuparse con la posibilidad de engaños por parte de los clientes.

Salimos a la calle. Yo esperaba que volveríamos a casa pero no. A los pocos pasos nos metimos en otro bar--también muy concurrido--y comenzamos el proceso de nuevo. Me explicaron Lola y Josefina que esta es la costumbre. Cuando la gente sale en plan de tapas, suele ir a varios bares--todo el mundo tiene sus favoritos--y pedir la especialidad de la casa. También así uno encuentra a los amigos e incluso conoce a nuevas personas.

Después de dos o tres escalas más, emprendimos el viaje de vuelta. Fuimos a una plaza muy cerca del correo y tomamos un autobús. Había mucha gente y tuvimos que viajar paradas. Pero cada vez que el autobús se detuvo, se bajó más gente y por fin pudimos sentarnos. Pero no fue un viaje largo de todos modos.

Yo estaba harta de comer porque había probado todo en los bares. Así que no tenía ninguna intención de tomar más pero al llegar a casa descubrí que María Cristina estaba preparándonos la cena. ¡Qué barbaridad! Y Lola y Josefina no me defendieron. Insistieron en que no habíamos tomado nada. Así que me resigné a tomarme una tortilla francesa y una naranja--nada más. Y esta vez María Cristina me dejó en paz. Después de comer yo le indiqué a María Cristina que me gustaría hablar con ella acerca de varios aspectos de mi estancia en la casa. Ella me dijo que cómo no. Nos sentamos en el salón mientras María Dolores limpiaba la mesa y luego fregaba los platos.

Le pregunté a María Cristina sobre el uso del baño y me dijo que pudiera usarlo cuando quisiera. Sin embargo, si quiero ducharme, tengo que hacerlo por la mañana porque sólo se enciende el calentador de agua entonces. Puesto que Lola y Josefina también necesitan usarla, tendremos que arreglarnos la cuestión de turnos. Mencioné que había traído conmigo la secadora de pelo. María Cristina no parecía muy entusiasmada con esta idea. No sé qué voy a hacer. No puedo sin la máquina a no ser que cambie de peinado. Gracias a Dios compré un trasformador y un convertidor para el enchufe. María Cristina me explicó que la luz aquí es muy diferente que en Estados Unidos y que puedo estropear mis aparatos si no tengo cuidado.

María Cristina al parecer desea desarrollar una buena relación conmigo. Parece tener un verdadero interés en mí como persona y en mi bienestar. Me preguntó sobre mi familia, mis planes para el futuro, y mis impresiones hasta ahora de España. Creo que vamos a ser buenas amigas.

Después de charlar un ratito, volvió María Dolores y encendieron la tele. Me dijeron que hay sólo dos canales, los dos controlados por el gobierno y que hay programación sólo por la tarde. ¡Qué raro! Pusieron una comedia y se echaron a reírse (incluso María Dolores) pero yo no entendí ni palabra. La vi por media hora y luego me disculpé diciendo que estaba muy cansada.

Al llegar aquí a mi dormitorio, encontré que Lola estaba estudiando a la mesa. Hizo un frío tremendo y por eso le pregunté a Lola sobre la calefacción. Resulta que no la hay ni aquí ni en la mayoría de las casas de Sevilla. Así que tenemos que aguantar. Noté que Lola ni llevaba un suéter pero yo inmediatamente saqué uno de los míos y me lo puse. Para dormir, voy a ponerme calcetines de lana además de ropa interior de invierno. ¡Qué bien que llegué precavida en cuanto a la temperatura!

Tratando de no molestarle a Lola, me preparé para la cama. Luego decidí apuntar mis experiencias del día antes de dormirme. Mi primer día entero en España ha sido muy lleno y mi cabeza todavía está zumbando con las nuevas experiencias y sensaciones.

Capítulo III

Vocabulario

Sustantivos

barrio-section of city
bienestar-welfare
calefacción-heat
cartel-poster
Correo-post office
dirección-address
edificio-building
folleto-pamphlet, brochure
luz-light, electricity
máquina-machine
mayoría-majority
propósito-purpose
puente-bridge
ropa interior-underwear
sabor-taste

Verbos

acostumbrarse-to get used to
agradecer-to thank
apetecer-to appeal
arreglar-to arrange
bajarse-to get down,off
colocar-to place
costar-to cost, to take
chocar-to shock, surprise
descansar-to rest
equivocarse-to make a mistake
fumar-to smoke
funcionar-to work
preocuparse-to worry
sugerir-to suggest
tratar de-to try to

Otras palabras y expresiones

a boca de jarro-at close range
a gusto-comfortable
a lo lejos-in the distance
a no ser que-unless
dejar en paz-to leave alone
de mala forma-impolite
de nuevo-again
echarse a-to burst out
en vez de-instead of
estar harto-to be fed up, full
ni mucho menos-nor anything like it
no poder-not to be able to manage
parado-standing up
por consiguiente-consequently
¡qué barbaridad!-who ever heard of such a thing!

Capítulo III

Práctica de vocabulario

Complete las frases siguientes empleando palabras apropiadas de las listas anteriores.

1. Sara tendrá que __________ se a la falta de __________ central.

2. Para __________ su habitación, Sara fijó varios __________ sobre las paredes.

3. Ella __________ la __________ de ellos en su parte del dormitorio.

4. Sara se __________ antes de enterarse de que Lola no __________ porque no le gusta el humo.

5. Le molesta a Sara que no puede __________ en su dormitorio llevando sólo __________.

6. No __________ mucho tiempo para llegar al __________ a pie para poder echar cartas.

7. Le __________ a Sara mucho cuando vio a los pobres en el __________ gitano.

8. No entendía por qué el gobierno no __________ de cuidar por el __________ de ellos.

9. Los __________ turísticos __________ que hay muchas cosas que ver en Sevilla.

10. Sara se __________ de __________ y entró en una casa particular, creyendo que era un museo.

11. Le __________ al portero quien le dio la __________ correcta del lugar que buscaba.

12. Sara entró en un bar para tomarse un café pero el camarero le dijo que la __________ estaba rota y no __________.

13. Así que salió a la calle y cruzando el __________ llamó a un taxi con el __________ de llegar a casa antes de las tres.

14. En la puerta de la casa, se __________ del taxi y entró. A notar la falta de __________, se quitó los lentes oscuros.

15. Desgraciadamente, la comida no le __________ porque no le gustaba el __________ del cocido.

Capítulo III

Práctica de modismos

Traduzca las frases siguientes al español.

1. I saw him in the distance as I walked along the street.

2. I knew that unless I took a taxi, I had to pass by him.

3. Consequently, I just kept walking, trying not to look at him.

4. He was just standing there, watching me all the time.

5. As I passed by, he shouted, "Hi, beautiful", right in my face (at close range).

6. Whoever heard of such a thing!

7. I didn´t want to do anything impolite.

8. But on the other hand I was not in the least comfortable with the situation.

9. So I told the guy to leave me alone.

10. But instead of shutting up, he made more comments.

11. I was fed up with this guy.

12. I couldn´t take any more.

13. Not that I was afraid nor anything like it.

14. So, I just started walking down the street again.

15. To my surprise, the guy burst out laughing, I did too!

Capítulo III

¿<u>HAS COMPRENDIDO</u>?

1. ¿Qué cosas recogió Sara en la Oficina de Turismo?

2. ¿Cómo volvió a casa ese primer día?

3. ¿Qué pasa con la circulación a veces?

4. ¿Por qué cree Sara que necesita zapatos fuertes?

5. ¿Cómo era la comida?

6. ¿Cuántos platos había?

7. ¿Qué sorpresa tuvo en cuanto al vino?

8. ¿Cómo era la conversación de sobremesa?

9. ¿Cómo es la pronunciación de los sevillanos?

10. ¿Qué costumbres diferentes notó Sara a la mesa?

11. ¿Qué hicieron las tres jóvenes por la tarde?

12. ¿Cómo se llama el río que pasa por Sevilla?

13. ¿Cómo reaccionó Sara al nuevo ambiente?

14. ¿Qué diferencias notó al observar a los españoles?

15. ¿Qué es la calle Sierpes?

16. ¿Por qué se sentía incómoda en el bar?

17. ¿Cómo es la cerveza en España?

18. ¿Qué tomaron de tapas?

19. ¿Por qué no estaba Sara a gusto?

20. ¿Cuándo debe ducharse? ¿Por qué?

21. ¿Qué obstáculos hay en cuanto a la secadora de pelo?

22. ¿Cómo es la televisión en Sevilla?

23. ¿Por qué tenía frío Sara?

24. ¿Cómo piensa calentarse?

Capítulo IV

1 de febrero

Hoy comencé la orientación formal a mi programa y a la ciudad de Sevilla. Para llegar al centro quería tomar el autobús así que le pregunté a María Cristina sobre la parada y el número de línea. Ella me indicó la parada y me explicó que el número aquí no importaba mucho ya que todos los autobuses te llevan al centro. El problema es al volver--luego hay que subir al autobús apropiado.

Llegué pronto--no era la hora punta--y bajé en la plaza cerca de Correos. Mi Instituto se encuentra muy cerca de allí así que llegué en un tris. Es una casa muy bonita pero me sorprendió--no sé por qué--que no haya "campus" (¿se dice recinto?). Es un sólo edificio de tres pisos con una serie de aulas y oficinas además de una biblioteca y unos patios. Las paredes están cubiertas de azulejos muy bonitos y hay plantas por todas partes.

Fuimos a un salón grande para escuchar los avisos preliminares del director. ¡Cuánta información nos comunicaron durante la primera sesión! Y nos dieron las tarjetas de identidad que llevan todos los estudiantes. Evidentemente sirven no sólo para conseguir entradas baratas o gratis a los museos sino también para identificación por la calle. Por eso, nos explicaron, no es necesario llevar el pasaporte y correr el riesgo de perderlo. Nos aconsejaron hacer una fotocopia del pasaporte para cambiar cheques o cosas de urgencia. Así que yo lo hice allí mismo en la oficina y de aquí en adelante voy a dejar el pasaporte aquí en mi habitación a no ser que piense cruzar fronteras.

También nos hablaron de dinero. Explicaron que si queríamos abrir una cuenta corriente en dólares, podíamos hacerlo en el banco con el cual el Instituto tiene relaciones. El director nos dará una recomendación y todo se arregla pronto. No sé si voy a hacerlo o no ya que traje conmigo cheques de viajero que ojalá me duren por todo el semestre.

Luego nos hablaron de los autobuses. Nos dijeron que además de los autobuses "normales", que son mitad azules mitad color de crema, hay también microbuses que son más caros pero que suelen tener más asientos libres. Por el momento voy a tratar de acostumbrarme al autobús regular aunque va a ser difícil cuando andan rellenos.

Hubo un descanso y todos bajamos a la calle para tomar café y refrescos. ¡Qué emoción había entre los cuarenta y pico estudiantes! Nos hicimos muchas preguntas sobre la vida en Sevilla pero nadie sabía las respuestas por seguro. Conocí a una chica muy simpática--se llama María y vive en Nueva Jersey. Tomamos café juntas y hablamos de nuestras familias españolas, del viaje a España y de nuestras ilusiones en cuanto al semestre aquí. Luego volvimos al Instituto donde tuvimos dos clases: la primera, notas culturales y la segunda, el lenguaje de los sevillanos.

Al terminar las clases, nos dieron la primera tarea. Todos tuvimos que buscar un monumento, un barrio, o un sitio de interés histórico/turístico, luego hacerles una serie de preguntas a los sevillanos sobre el local y por último volver al Instituto para dar un informe sobre lo que habíamos aprendido. Cuando nos dijeron que podíamos hacer la investigación en parejas, yo inmediatamente le pregunté a María si quería acompañarme. ¡Qué bueno que me dijo que sí! Tuvimos que encontrar la Macarena.[1] Nos dijeron que la Macarena se encontraba en la iglesia San Gil--eso es todo. Nosotras tuvimos que descubrir los demás detalles. La secretaria del programa nos dio un plano de la ciudad y salimos a la calle.

Las calles en la parte vieja son estrechas y muchas son de un solo sentido. Por eso, las rutas de los autobuses son irregulares--suben por una serie de calles y bajan por otra. Decidimos ir a pie, no sabiendo cuánto nos tardaría. Pues era mejor así pero casi no llegamos nunca. Pasamos primero por la Plaza San Francisco, frente al Ayuntamiento. Es una plaza muy espaciosa donde no se permite la entrada de coches. En aquel momento estaban montando una gran exposición de arte. Por casualidad dimos con la calle Sierpes donde tampoco pueden entrar vehículos. Queríamos pararnos para estudiar cada escaparate--todo nos parecía tan diferente, incluso los zapatos.

Empecé a sentirme atraída por esta cultura nueva y todavía exótica. El olor de café y de comida frita nos dio hambre pero

1. La Macarena: la imagen más famosa de la Virgen en Sevilla. Su nombre verdadero es Nuestra Señora de la Esperanza.

no queríamos gastar el tiempo para tomarnos una merienda. Noté que mientras los sevillanos se paseaban con gran lentitud y al parecer sin destino, nosotras estábamos constantemente virándonos para adelantarnos a todos.

También noté por primera vez una cosa que me dio mucha pena--los mendigos. Los hay de toda clase: gitanos, minusválidos, y desempleados. Vi a algunos con letreros que explicaban la situación personal. Fue muy triste especialmente cuando tenían consigo los niños pequeños. Noté que algunos sevillanos les dan unos duros pero, en fin, ésa no me parece ser la solución.

Al salir de la Calle Sierpes vimos un almacén grande que se llama El Corte Inglés. Habíamos visto a muchas personas cargando bolsitas de plástico que llevaban ese nombre, pero claro, no sabíamos de qué se trataba. Aunque nos apetecía mucho meternos para echar un vistazo, sabíamos que otro día tendría que ser porque si no, nunca llegábamos a la iglesia de San Gil. Apretamos el paso un poquito aunque los pies empezaban a dolernos--no teniendo la costumbre de caminar mucho, pero seguíamos observando las casas--casi todas con balcones y geranios en plena flor. Después de lo que nos parecía siglo y medio, llegamos. La iglesia se cierra durante las horas de la siesta, pero gracias a Dios, habíamos llegado a tiempo y pudimos entrar.

La Macarena de veras es una maravilla y guapísima como dicen sus "aficionados". Toma su nombre de la puerta romana que se encuentra cerca de la iglesia. Además de su belleza, se caracteriza por las lágrimas muy realistas que parecen rodar por sus mejillas. Para hacer el informe, tuvimos que hacer muchas preguntas tanto al guía dentro de la basílica como a algunas personas que encontramos en la calle. Todos, sin excepción, nos respondieron muy amablemente y en gran detalle. Esta experiencia, más que nada, me hizo sentirme más cómoda, menos enajenada.

Al llegar a España , no estaba nada segura de mis capacidades con el español. Sin embargo los sevillanos se han esforzado explicando todo tres o cuatro veces si hace falta. Eso sí, nunca han disminuido la velocidad de su habla. Creo que les es imposible. Cuántas veces me he reído cuando me prometieron que iban a hablar despacio y luego continuaron a soltar palabras a chorro. ¡Qué barbaridad!

Volvimos al centro caminando, tomamos un refresco y nos despedimos citándonos para la tarde. Yo había decidido tomar el

autobús a casa, así que fui a la plaza de donde salen. Hay un letrero que explica las rutas, y usando mi plano, traté de acertarme del número apropiado. Al verme con el plano, varios jóvenes se me acercaron y ofrecieron su ayuda. Les expliqué donde vivo y pronto me indicaron la ruta debida. Me metí en la cola pero los muchachos seguían charlando conmigo o mejor dicho, haciéndome un sinfín de preguntas. Parecían muy simpáticos pero no sabía si debía continuar la conversación, así que traté de desviar mi atención. Noté que la gente aquí hace cola de una manera algo diferente que en EEUU. Se paran en la acera, pero en vez de ponerse uno tras otro como nosotros, todos dan cara a la calle, lado a lado. Al principio me equivoqué en cuanto a la cola--los españoles creyeron que yo estaba tratando de colarme y varios protestaron. Pero vi que una anciana se coló y nada pasó--la gente por respeto (o miedo) se lo permitió.

Subí al autobús y los jóvenes conmigo. Tuve que viajar parada entre una multitud de gente. Nunca he tenido tal experiencia antes. La gente se mete como sardinas en lata. Incluso cuando el autobús estaba repleto--no cabía nadie más--pero nadie--el autobús se detuvo en la próxima parada y subieron diez más pasajeros como si tal cosa. ¡Dios mío! me dije. ¡Pero si esto es imposible! Para mí, tal vez, pero evidentemente no para los españoles. Era muy difícil acostumbrarme a la necesidad de mantener contacto físico con tres o cuatro desconocidos durante un viaje de media hora. Se me presentaron muchos pensamientos negativos: que el joven al lado me estaba rozando deshonestamente, que otro me iba a quitar la bolsa, que una señora vieja olía mal, etc. Pero aguanté y llegué a casa sin ninguna dificultad verdadera.

Querido diario, 5 de febrero

Hoy fue el último día de orientación. He estado muy ocupada con todas las actividades de la semana. ¡Y cuánto he aprendido! María y yo somos inseparables. Además de las tareas obligatorias, hemos hecho muchas excursioncitas para ver cosas de interés. Decidimos tomar una gira en un coche de caballo. Habíamos visto los coches cuando fuimos por tapas en el centro. Se estacionan cerca de la catedral y llevan a los turistas por una ruta más o menos fija. Además de la catedral y su torre, la Giralda,[2] vimos la Torre del Oro, algunas fuentes, el Parque

2. La Giralda: el alminar de una mezquita musulmana del Siglo XII. Los cristianos construyeron sobre él un campanario con una estatua encima que gira con el viento-de allí su nombre.

María Luisa,[3] y el barrio de Santa Cruz.[4] El chofer nos explicó lo que había a cada paso pero su acento andaluz era tan fuerte que no cogimos muchos de sus comentarios.

Luego en el tiempo libre nos paseamos por los distintos barrios céntricos. Me gusta mucho el barrio de Santa Cruz porque las calles son muy pequeñas y todas torcidas--parece un verdadero laberinto y, en efecto, nos perdimos por un rato. Ayer María vino a mi casa para recogerme y dimos una vuelta por el barrio la Triana[5] que está al lado de mi barrio, los Remedios.[6] Dicen que hay muchos gitanos en la Triana pero de día no vimos mucho de interés. A lo mejor es de noche cuando comienza el flamenco.

Una cosa que notamos desde el principio eran los piropos. Mientras caminábamos por las calles los hombres--generalmente de cierta edad--nos hacían comentarios como "Hola, guapa" o cosas por el estilo. En el Instituto nos dijeron que pudiéramos escuchar comentarios feos, pero claro, yo no entendería nada en todo caso. ¡Tanto mejor! Otra cosa que nos chocó fue un sonido raro que hacen los obreros--sé que son obreros porque llevan un sobretodo azul. Hacen un sonido que suena al siseo de la serpiente--¡sssssss! No sé por qué; posiblemente quieren llamarnos la atención. ¡Y los jóvenes! Se nos acercan en todas partes: en los bancos, en las paradas de autobuses, en los cafés, incluso en la calle misma. Todos muy corteses pero también muy insistentes. Al principio tuvimos cierto miedo, pero después de hablar con otras personas nos hemos tranquilizado. Ha sido una buena manera de practicar el español y además todos quieren explicar la historia de Sevilla. Parecen muy bien informados y muy amables también. Pero no nos atrevemos a darles nuestro número de teléfono a pesar de sus ruegos.

El otro día estábamos caminando por la calle y un señor se

3. El Parque María Luisa: anteriormente los jardines del palacio de San Telmo; ahora están abiertos al público. Muchos edificios se quedan de la Exposición ibero-americana de 1929. El más famoso se llama La Plaza de España.
4. El barrio Santa Cruz: anteriormente el barrio judío. Las calles son muy estrechas y zigzaguean en toda dirección El pintor Murillo vivió aquí y está enterrado en la Plaza de Santa Cruz.
5. La Triana: un barrio al otro lado del río Guadalquivir del centro; famoso por sus habitantes gitanos y su vida nocturna.
6. Los Remedios: un barrio residencial, también al otro lado del río con respecto al centro.

nos acercó y nos preguntó "¿Tenéis fuego?" No tuvimos ni idea de lo que quería pero luego nos enseñó un cigarrillo y nos hizo entender que quería encenderlo. ¡Qué raro!, pensé. Antes había notado que muchas personas me preguntan la hora, especialmente cuando estamos haciendo cola en la parada de autobuses. Evidentemente los españoles no tienen esa reserva con desconocidos que tenemos en EEUU.

Durante esta semana he caminado más de lo que había andado en cinco años. El primer día llevé zapatillas de tenis pero los pies me dolían mucho. Desde entonces he llevado botas y me han servido mucho mejor. Claro, son algo feos pero aquí los estudiantes visten de una manera muy informal.

Capítulo IV

Vocabulario

Sustantivos

acera-sidewalk
aficionado-fan
almacén-dept. store
asiento-seat
aula-classroom
aviso-announcement, warning
azulejo-tile
desconocido-stranger
duro-5-peseta coin
entrada-entry, ticket
frontera-border
hora punta-rush hour
mejilla-cheek
piropo-flirting comment
zapatillas de tenis-sneakers

Verbos

acertarse-to assure oneself
aconsejar-to advise
adelantarse-to get ahead
aguantar-to stand, put up with
atreverse a-to dare
conseguir-to get
dar cara a-to face
durar-to last
esforzarse-to make an effort
gastar-to spend
importar-to matter
pasearse-to stroll, take a walk
quitar-to take off
seguir-to continue, follow
tratarse de-to be a question of

Otras palabras y expresiones

a cada paso-continuously
como si tal cosa-as if nothing had happened
dar con-to come upon
de veras-really
echar un vistazo-to have a look
en un tris-very quickly
gratis-free
hacer falta-to be necessary
más que nada-more than anything
ojalá-I hope
por casualidad-by chance
por eso-therefore
sin embargo-nevertheless
ya que-since
y pico-and a little more, plus

Capítulo IV

Práctica de vocabulario

Complete las frases siguientes empleando palabras apropiadas de las listas anteriores.

1. Sara quería __________ se de la fecha del viaje a la __________.

2. Por eso, el profesor le __________ que mirara los __________ que fijan diariamente en el cartelero.

3. A Sara no le gustan los partidos de fútbol. No puede __________ el comportamiento de los __________.

4. Sabe que para __________ se tiene que prestar mucha atención en el __________ pero se aprovecha de los ratos libres también.

5. Por ejemplo, con frecuencia compra __________ para asistir al teatro que __________ a la catedral.

6. Es un edificio muy antiguo que tiene __________ en las paredes que han __________ desde los tiempos de los moros.

7. Sara tambíen se __________ para conocer a gente nueva o sea __________.

8. Pero no le gusta nada que le echen __________ mientras se __________ por la calle.

9. Ella no se __________ a decírselo, pero en su opinión la __________ pertenece a todos y debe ser un lugar de tranquilidad.

10. Sara __________ todo lo que necesita cuando va de compras en el __________.

11. Sí, ella __________ muchos __________ comprándose ropa, perfumes, etc.

12. Pero no le __________ porque según ella se __________ de estar a la moda.

13. Si __________ así, en cualquier momento comenzará a usar colorete en las __________.

14. No le gusta tomar el autobús durante las __________ porque nunca encuentra __________.

15. Pero lo mejor de todo es llegar a casa y poder __________ se las __________.

Capítulo IV

Práctica de modismos

Traduzca las frases siguientes al español.

1. Since I didn't have anything to do, I decided to go for a walk.

2. As I was strolling along, I came upon a large party in a park.

3. The music sounded good so I decided to have a look.

4. I just walked right into the crowd as if I belonged there (as if nothing had happened).

5. More than anything, I wanted to listen to the band.

6. But I said to myself, "I hope they have some good food!"

7. As it turned out, it wasn't even necessary to move.

8. The waiters were continuously offering food to everyone.

9. And there must have been a couple hundred plus all standing around and talking.

10. The food would disappear from the trays very quickly.

11. Therefore I made sure to keep an eye out for the waiters.

12. By chance I ran into an old friend.

13. I was really happy to see her.

14. Nevertheless, I was a little embarrassed since I hadn't been invited.

15. She told me not to worry, the concert was free - sponsored (patrocinado) by the City Hall.

Capítulo IV

¿HAS COMPRENDIDO?

1. ¿Cómo fue Sara al centro?

2. ¿Cómo es el Instituto de ella?

3. ¿Por qué tienen tarjetas de identidad los estudiantes?

4. ¿Por qué no deben llevar el pasaporte los estudiantes?

5. ¿Qué hicieron los estudiantes durante el descanso?

6. ¿Quién es María?

7. ¿Cuál fue la primera tarea de los estudiantes?

8. ¿Qué tuvo que encontrar Sara?

9. ¿Cómo son las calles en la parte vieja de Sevilla?

10. ¿Cómo se pasean los españoles?

11. ¿Qué le dio pena a Sara?

12. ¿Qué es El Corte Inglés?

13. ¿Cómo son las casas en el centro?

14. ¿De dónde se toma el nombre de la Macarena?

15. ¿Cómo es ella?

16. ¿Cómo reaccionó la gente a las preguntas de las estudiantes?

17. ¿Quiénes le ayudaron a Sara con las rutas del autobús?

18. ¿Cómo hacen cola los españoles?

19. ¿Cómo se sentía Sara en el autobús?

20. ¿Qué cosas vieron María y Sara durante la gira en coche de caballo?

21. ¿Cómo es el Barrio Santa Cruz?

22. ¿Cómo es la Triana?

23. ¿Qué son piropos?

24. ¿Qué hacen los jóvenes españoles?

25. ¿Cómo son ellos, según Sara?

26. ¿Qué quiere una persona que pide "fuego"?

27. ¿Cómo se visten los estudiantes norteamericanos en Sevilla?

Capítulo V

Esta mañana tuvimos la última sesión informativa. El director del Instituto nos habló de muchos detalles que pudieran interesarnos. No presté mucha atención sobre la cuestión de deportes porque creo que con los paseos y posiblemente el baile voy a tener suficiente ejercicio para mantenerme en forma. Pero María tiene interés en la natación y supo que hay una piscina cubierta donde los estudiantes pueden bañarse todo el año. Ella también me dijo que quiere montar a caballo de vez en cuando y que la secretaria le había dicho que es posible pagando una cuota cada vez. ¡Cada cual con lo suyo!, digo yo.

Tampoco hice mucho caso cuando hablaron de los cambios de residencia. Nos explicaron que si no estuviéramos cómodos en las casas actuales, podríamos solicitar un cambio. Yo estoy muy contenta con María Cristina así que aunque este dormitorio es muy pequeño, voy a quedarme aquí.

Terminaron la presentación con algunos consejos sobre la salud y recomendaciones en cuanto a viajes los fines de semana. Evidentemente van a llevarnos a tres o cuatro lugares durante el semestre pero también sugirieron que viajáramos por nuestra cuenta para conocer más del país. He hablado con María y vamos a escaparnos tan pronto como sea posible.

Hace un momentito tuve un susto. Estaba sentada a mi mesa apuntando mis recuerdos cuando entró María Cristina sin llamar a la puerta. Al parecer ella notó que me había dado un susto porque empezó a hablar de una manera muy amistosa explicando que sólo quería saber cómo fue la fiesta que tuvimos esta tarde. Y es que hubo una reunión en el Instituto con todos los estudiantes y todos los profesores. Había varios estudiantes españoles allí también porque ellos siguen clases de inglés en el Instituto. El director nos dijo que podríamos establecer intercambios con estos estudiantes. Supongo que esto significa que podemos reunirnos con ellos y hablar español un rato y luego inglés un rato. Voy a apuntarme con la secretaria porque me parece una buena manera de llegar a conocer a más gente. Los profesores eran todos muy simpáticos, la mayoría de ellos jóvenes. Noté que había tres o cuatro mujeres entre el profesorado y eso me agradó--no sé por qué. Probablemente porque me siento más segura relacionándome con otra mujer.

Tomamos vino y una variedad de tapas. No eran tan ricas como las de los bares pero eso no me importaba mucho. La conversación era difícil al principio pero los profesores se esforzaron por hablar con nosotros y poco a poco nos tranquilizamos.

Pero la cosa más emocionante fue que conocí a una estudiante que pasó el primer semestre aquí también. Se llama Nancy y creo que vamos a ser muy buenas amigas. Después de conocernos, charlamos hasta el momento de marcharnos para casa. Nancy es de Massachusetts y, como yo, es estudiante de tercer año en una universidad pequeña. Ella también se especializa en español y piensa trabajar en la industria turística después de graduarse. Yo le dije que no estoy nada segura sobre mis planes pero que el turismo me atrae--especialmente después de conocer un poquito a España. Nancy también tiene un novio en EEUU pero me dice que sale de vez en cuando con españoles porque si no, cree que va a perder mucho en cuanto a vida social. Yo le dije que no pienso salir jamás con otros chicos porque le prometí a Rickey que le sería fiel. Nancy se rio al escuchar eso. Ella prometió ayudarme con cualquier cosa. Ahora me siento mucho más cómoda--como si tuviera una hermana mayor muy enterada de todo.

Querido diario, 6 de febrero

Hoy comenzaron las clases. Yo seleccioné cuatro: literatura española contemporánea, historia de España, lenguaje coloquial, y baile andaluz. La clase de literatura va a ser muy difícil. La profesora parece muy inteligente y explica bien pero me faltan muchos de los conceptos básicos del análisis literario. O quizás es la diferencia de perspectiva aquí.

Me gusta muchísimo la clase de historia. El profesor es muy animado y agrega muchas experiencias personales a las presentaciones. Parece estar muy enterado sobre la política contemporánea también. Eso me va a ayudar porque yo no entiendo nada y siempre me pierdo cuando dialogan sobre este tema en casa.

Mi clase de lenguaje es muy interesante. Aunque tengo mucha gramática por aprender, me gusta más poder manejar las expresiones idiomáticas y giros coloquiales. He escuchado tantas palabras nuevas tanto en casa como en la calle. El profesor nos dijo que debemos apuntar todo lo que oímos y luego él puede comentar estas expresiones en clase. Nos dijo que tenemos que aprender los tacos también--no para usar palabrotas en nuestras conversaciones sino para evitarlas. Además, vamos a estudiar fórmulas de cortesía y vocabulario situacional. Todo me va a ser de gran provecho.

Por la tarde fui a la clase de baile. No se da en el Instituto sino en un salón particular. ¡Cómo me gusta! Nos dijo la profesora que tenemos que aplicarnos para poder bailar bien al llegar la Feria de Abril[1]. Dice que si una no sabe bailar durante la Feria, pierde lo más emocionante de la fiesta. María y Nancy están en la clase también y todas hemos decidido esforzarnos mucho por dar competencia a las sevillanas.

Al principio me era muy difícil entender lo que los profesores decían. En realidad, tengo que confesar que a lo mejor perdí la mitad (o más) de sus comentarios. Esto me dio un susto grande pero Nancy me dijo que lo mismo le había pasado a ella al principio pero que se acostumbró. Ojalá sea así. Mis profesores en EEUU siempre han hablado muy lentamente en comparación con estos tíos.

Pero sí me gustó el estilo de enseñar. Tenía la idea de que iban a dictar clases de una manera muy formal pero no es así. En efecto son muy amigables e informales en su trato con los estudiantes. Algunos incluso insistieron en que los llamáramos por sus nombres de pila y que los tratáramos de tú. ¡Y ellos nos dicen vosotros! Esto sí fue una sorpresa mayor. No sé si podré acostumbrarme.

Y éstas son mis clases. Cuando llegué aquí tenía una idea algo equivocada sobre el programa, el Instituto, y las clases. Me doy cuenta ahora de que mi profesor en EEUU me explicó la situación bien, pero o no escuché o no quería oír. De todos modos creía que iba a seguir clases en la Universidad de Sevilla. He pasado por allí--está muy cerca del Instituto. Me sorprendió al verla por primera vez. Es un solo edificio grande--más o menos cuadrado--con jardines y paseos afuera pero sin "campus" en el sentido nuestro. Supe que antes era una fábrica de tabaco y, en efecto, la escena de la ópera _Carmen_ de Bizet[2]. Entré para echar un vistazo y no vi mucho de interés--aulas, oficinas, muchos estudiantes, y un patio central. Es mucho más atractiva por afuera que por adentro.

1. La Feria generalmente comienza una semana más o menos después de la Semana Santa. Es un festival con mucho colorido que consiste en bailes, juergas, desfiles y corridas extraordinarias.
2. _Carmen:_ una ópera trágica escrita en 1875 por Georges Bizet (Francia, 1838-1875).

Yo le pregunté a la secretaria de mi programa sobre la Universidad. Me explicó que la Universidad no tiene un curso para extranjeros propiamente dicho pero que algunos programas tienen relaciones formales con la Universidad y por consiguiente dan clases allí mismo. Además, la Universidad acepta a lo que llaman "libres oyentes"--estudiantes no oficiales quienes tienen derecho de asistir a las clases regulares. Para conseguir el permiso hay que tomar un examen y pagar una cuota por cada clase. La Universidad no te da notas ni ayuda fuera de clases pero los programas suelen proveer un profesor particular para repasar la materia contigo.

Ella también me dijo que hay varios programas para estudiantes norteamericanos en Sevilla--quizás hasta diez. Luego hay muchos jóvenes de EEUU aquí. ¡Y yo creía que todos eran turistas! Le pregunté por qué no tenemos estudiantes españoles en nuestras clases y me explicó que es por dos razones. Primero, ellos tienen que seguir un plan oficial de estudios para cumplir con los requisitos de la carrera. Segundo, ellos tienen una preparación muy superior a la nuestra--digo en las materias que estudiamos aquí--y por eso no les serviría nada seguir clases con nosotros. Entendí lo que me decía pero me desilusionó un poco a la vez. Ella me recordó que podía tener contacto con muchos estudiantes españoles allí en el centro por medio del plan de intercambios. Decidí otra vez aprovecharme de esta posibilidad.

Al salir del Instituto un grupo de estudiantes me preguntaron si quería unirme con ellos para tomar algo antes de volver a casa para la comida. Busqué a Nancy y a María y al no verlas, dije que sí. Bajamos a la plaza y nos sentamos en una cafetería. Algunos pidieron café con leche pero yo tenía un hambre fatal y por eso pedí un sándwich de jamón y queso y una cerveza. Tienen bocadillos aquí con pan español pero también hay sándwiches de tipo americano. La cerveza es más fuerte aquí tanto en sabor como en contenido de alcohol. Por eso pienso limitarme a una o dos a la vez.

Descubrí que hay estudiantes de todas partes aquí aunque la mayoría es del nordeste de EEUU. Me chocó algo cuando varios empezaron a criticar todo lo que habían visto y a burlarse de las costumbres españolas. Yo traté de apoyar la validez de diferencias culturales, pero me miraron como si estuviera loca. Otra cosa que me desilusionó fue que todos insistieron en hablar inglés y cuando dije unas cuantas palabras en español, se rieron de mí y me preguntaron qué estaba tratando de comprobar. ¡Qué vergüenza! Determiné en aquel momento nunca más relacionarme con ellos fuera de clase. Gracias a Dios que María y Nancy no se portan así. Algunos estudiantes también hablaron mal de las clases y de los profesores y dijeron que no pensaban hacer ningún trabajo--que están aquí para divertirse, no para leer libros aburridos. ¡Qué barbaridad! Es difícil expresar la profunda desilusión que he sentido como resultado de esta experiencia.

Pero me marché tan pronto como fue posible bajo el pretexto de comprar libros antes de la hora del cierre. Supe que no hay librería en el Instituto y por eso tenemos que buscar los libros recomendados por los profesores en las librerías comerciales. Por suerte, encontré todos los que necesito y descubrí otra cosa--los libros son muy baratos aquí en comparación con EEUU.

Tengo mucho sueño--es la hora de la siesta--pero quiero mencionar algo sobre la ropa antes de ponerle punto final a esta anotación. Yo creía que los españoles se vestían bien al salir a la calle y muchos así lo hacen. Pero todos los estudiantes norteamericanos llevan vaqueros o pantalón informal a clase--tanto hombres como mujeres. Algunos visten camisa pero la mayoría lleva camiseta de colores o jersey de alguna clase, y calzan zapatillas de tenis. Yo traje conmigo muchas blusas y faldas porque no acostumbro llevar la misma cosa dos días seguidos. Pero no van a servirme para nada puesto que no me quiero atraer la atención de los españoles o el ridículo de mis compañeros de clase. Por lo menos tengo ropa buena si llego a ir a misa o salir de noche. Pero la verdad es que uno o dos vestidos me hubieran bastado.

Capítulo V

Vocabulario

Sustantivos

baile-dance
bocadillo-sandwich
carrera-major field of study
consejos-advice
cuota-fee
deporte-sport
forma-shape
natación-swimming
oyente-auditor
palabrota-dirty word
provecho-benefit
recuerdos-memories
salud-health
susto-scare
validez-validity

Verbos

agradar-to please
aprovecharse-to take advantage
apuntarse-to sign up
asistir a-to attend
bañarse-to bathe,swim
divertirse-to enjoy oneself
llamar-to call, knock
montar a caballo-to ride horseback
pedir-to ask for, order
portarse-to behave
relacionarse-to relate
repasar-to review
solicitar-to apply
suponer-to suppose
unirse-to join

Otras palabras y expresiones

a la vez-at the same time
a lo mejor-probably
al principio-at first
cada cual con lo suyo-to each his/her own
darse cuenta-to realize
de todas partes-from everywhere
de todos modos-anyway
de vez en cuando-from time to time
emocionante-exciting
en efecto-in fact
fatal-horrible
por nuestra cuenta-on our own
prestar atención-to pay attention
tanto x como y-both x and y
tener derecho-to have the right

Capítulo V

Práctica de vocabulario

Complete las frases siguientes empleando palabras apropiadas de las listas anteriores.

1. A Sara le gusta __________ pero Nancy prefiere la __________.

2. Las dos se han __________ a un club para poder participar en varios __________.

3. Sara y Nancy se __________ en la piscina diariamente para guardar la __________.

4. O sea, ambas se __________ de cualquier oportunidad para mantenerse la __________.

5. Claro, ellas __________ a clases de vez en cuando para sacar __________.

6. Y piensan __________ se para la clase de __________ el semestre que viene.

7. Nancy ha __________ entrada en una escuela graduada donde piensa seguir una __________ en arquitectura.

8. Ella __________ a su profesor en EEUU para pedirle sus __________.

9. Sara está tomando una clase en la universidad como __________; tuvo que pagar una __________ para poder hacerlo.

10. Naturalmente, Sara __________ que este estudio tendrá __________ cuando ella vuelva a su universidad en EEUU.

11. Todos los días Nancy y Sara toman un __________ juntas y luego __________ los apuntes de la clase de literatura.

12. Nancy le ha __________ a Sara que se reuna con ella el año que viene para compartir sus __________.

13. Las dos amigas se __________ mucho porque les gusta__________se con los españoles.

14. Pero no les __________ nada cuando los hombres les gritan __________.

15. En efecto, les da un __________ cuando esos tíos se __________ mal.

Capítulo V

Práctica de modismos

Traduzca las frases siguientes al español.

1. You´ll probably think I´m lying when I tell you what happened.
2. But I´m going to share it with you anyway.
3. Naturally, you have the right to believe or not believe what you hear.
4. At first we didn´t notice anything unusual.
5. In fact, it took us a long time to realize what was really going on.
6. I suppose it´s because we were just talking and not paying attention to the others.
7. After all, we had gone for a walk on our own and had no reason to suspect anything.
8. Suddenly, armed men appeared from everywhere.
9. They started shooting both left and right.
10. It was horrible!
11. At the same time, a huge flying saucer (platillo volador) landed right in the middle of the street.
12. We were incredibly scared but it was also very exciting.
13. From time to time, the space creatures invited us to their saucer.
14. Nancy wanted to go - she said that any way we´d be safe with them.
15. I told her that she could go if she wanted - to each her own, I always say.

Capítulo V

¿HAS COMPRENDIDO?

1. ¿Qué deportes pueden practicar los estudiantes norteamericanos en Sevilla?

2. ¿Por qué no quiere Sara cambiar de casa?

3. ¿Qué piensan hacer María y Sara los fines de semana?

4. ¿Por qué se llevó un susto Sara?

5. ¿Cómo fue la reunión en el Instituto?

6. ¿Qué es un intercambio?

7. ¿Cómo son los profesores en el Instituto?

8. ¿Quién es Nancy? ¿Cómo es?

9. ¿Qué clases va a seguir Sara?

10. ¿Cómo son los profesores que tiene?

11. ¿Qué choques tuvo Sara al comenzar las clases?

12. ¿Por qué no hay estudiantes españoles en las clases de Sara?

13. ¿Cómo es la universidad de Sevilla?

14. ¿Por qué hay tantos estudiantes norteamericanos en Sevilla?

15. ¿Cómo son algunos de los compañeros de clase de Sara?

16. ¿Por qué se desilusionó ella?

17. ¿Dónde compran los estudiantes los libros para las clases ?

18. ¿Cómo son los precios de los libros en España?

19. ¿Cómo visten los estudiantes norteamericanos en Sevilla?

20. ¿Por qué cree Sara que ha llevado demasiada ropa consigo?

Capítulo VI

Querido diario, 7 de febrero

Acabo de escribirles a mis padres. Insistieron en saber todos los detalles de mi vida aquí, así que traté de decirles algo sobre mi familia española. Parece mentira. Aunque estoy aquí sólo desde hace una semana, ya me siento como en casa. Claro, el piso en que vivo es muy diferente de mi casa en EEUU.

Entras desde el pasillo y hay una sala de recepción. En esta se habla con las personas que no son familiares o amigos de confianza. Luego hay un corredor y todos los cuartos parten de él: la cocina, el baño, el salón/comedor, y los dormitorios. Lola y yo compartimos un dormitorio; Josefina usa el otro. De verdad todavía no he sabido dónde duermen las hermanas mayores--a lo mejor se las arreglan en el salón. Una cosa que he descubierto es que las familias aquí que admiten a estudiantes norteamericanos son mayormente de la clase media baja. Para aumentar sus ingresos, alquilan una parte de su casa. Esto puede significar que tienen que sacrificarse en cuanto a comodidades pero están dispuestas a hacerlo para mantenerse a flote. Creo que la clase social de la familia probablemente influye en muchos aspectos como la comida, las actitudes, las actividades, etc.

Nancy me ha dicho que ella puede entrar en la cocina cuando quiera tanto para ayudar a su señora como para prepararse una merienda. Pero en mi casa no es así--la cocina es tierra sagrada de María Cristina. Nunca permite que yo entre. El desayuno--estilo continental--siempre lo lleva a mi cuarto en una bandeja. La comida y la cena las tomamos en el salón con el televisor encendido. Al principio no me gustó nada esta práctica porque me hacía pensar en las dichosas "TV dinners" tan populares en los EEUU. Pero de pronto noté que estaba aprendiendo mucho viendo la tele, no solamente detalles culturales sino también cosas del lenguaje. Así que cambié de actitud.

Otra cosa que me parece rara es que las hermanas nunca se sientan a la mesa con nosotras--siempre comen después. Es verdad que hay poco espacio pero sería posible ajustarnos.

Antes de llegar creía que todas las familias españolas tenían criadas. Evidentemente no es así aunque Nancy me dijo que su señora tiene una asistenta que viene dos veces a la semana para limpiar, etc. En mi casa las dos Marías lo hacen todo y el piso siempre tiene cierto aspecto de museo--nada fuera de su lugar y ningún polvo o suciedad.

Por la noche si quiero ver la tele me es posible. Sólo tengo que pedir permiso cada vez y me obligan a ver lo que las hermanas quieren ver. No me ha importado mucho puesto que he estado muy ocupada con los preparativos y reuniones con mis nuevas amigas.

Seguramente mis padres van a poner el grito en el cielo cuando lean mis comentarios sobre la calefacción. Todavía hace bastante frío aquí y les dije que no tenemos calefacción central. Ni María ni Nancy la tiene tampoco. Lo que hacen en mi casa para aliviarse un poco es encender un tipo de calentador llamado "brasero" que colocan debajo de la mesa en el salón. La mesa está cubierta de un mantel grande que llega hasta el suelo. Luego todas ponemos las piernas debajo del mantel y cintura para abajo quedamos bien calentadas. ¡Qué raro! Nancy me dijo que una vez se le estropearon los zapatos porque se los acercó demasiado al brasero. Así que voy a tener cuidado.

He tenido que acostumbrarme a diferencias mayores en cuanto a mi dormitorio. Incluso en las residencias universitarias en EEUU siempre tenía bastante espacio para guardar mi ropa y efectos personales. Aquí no. El armario que tenemos no es un cuartito sino un mueble--y no muy grande. Yo tuve que dejar muchas cosas en las maletas--unas las puse debajo de la cama y otras encima del armario. No había más remedio. La cama no está mal pero la almohada es muy diferente--es larga, estrecha, y casi redonda. Además no es tan blanda como la mía en EEUU.

Ya tenemos un plan para el uso del baño. Yo me levanto antes que nadie para poder ducharme en paz. Todavía me choca algo que el calentador de agua sólo se encienda por la mañana.

Me permiten dejar mis toallas en el baño pero tengo que proveer mi propio jabón. Me gustan mucho los jabones españoles, especialmente Heno de Pravia. ¡Qué bien huele! Los españoles no utilizan paños para lavarse sino esponjas. Si lo hubiera sabido, me habría llevado unos paños, pero me voy acostumbrando. Nuestra casa tiene un bidet. No entiendo por qué los europeos los encuentran tan útiles. Yo prefiero la ducha.

En cuanto a la ropa sucia, María Cristina ofreció

lavármela. Va a cobrar una cantidad adicional cada mes pero muy poco y vale la pena porque así no necesito preocuparme. Los primeros días yo me lavaba la ropa interior y la tendía en las cuerdas que hay en una especie de hueco formado por el cuadrángulo de la casa. Pero de aquí en adelante María Cristina se encargará de todo. Ya no tengo que usar el telefonillo. La cancela--así se llama la puerta de la calle--sigue estando cerrada con llave siempre pero María Cristina me dio llaves tanto para la entrada como para el piso nuestro. Esto me gusta porque puedo llegar a casa a cualquier hora sin molestar a las demás. Me gusta esta sensación de libertad porque antes de llegar a España tenía la impresión de que tendría que seguir unas normas muy rígidas--por ejemplo, estar en casa a las diez de la noche o algo por el estilo.

Yo no sé hasta qué punto mi casa es típica. La de Nancy es mucho más lujosa--hay dos salones, tres dormitorios y ¡tres baños! Pero la de María parece ser más o menos igual a la mía. Supongo que es cuestión de suerte, nada más. María y yo vivimos con señoras viudas pero Nancy está con una familia "normal": padre, madre y dos hijos ya mayores. Nancy tuvo que cambiar de familia a principios del semestre pasado. Estaba con una señora que nunca le dio comidas buenas o regulares así que protestó al director del programa y le buscaron otra casa. Ella está de lo más contenta ahora y yo también, afortunadamente. No me gustaría tener que despedirme de María Cristina y peor aun de María Dolores.

Me alegro de que yo no sea como otros estudiantes quienes no pueden ver nada bueno en cuanto a sus familias españolas. Yo creo que para sacar provecho aquí, debemos tener una actitud positiva y tolerante.

Querido diario, 8 de febrero

¡Pobre Rickey! En sus cartas me dice cuánto me echa de menos. Y yo le echo de menos a él naturalmente. Pero la verdad es que estoy tan ocupada que casi no tengo tiempo para pensar en él. Por lo menos me he disciplinado para escribirle cada dos o tres días. En la última le expliqué sobre la comida aquí. A lo mejor a él no le gustaría nada--suele limitarse a tres o cuatro platos, nada más. Pues yo en esta primera semana he probado cosas que ni sabía que existían antes.

La comida consiste en tres platos. El primero es casi siempre sopa de alguna clase. Puede ser de carne, pescado o legumbres según lo que se tiene en casa. Aunque no tenía costumbre de tomar sopa en EEUU, aquí me ha gustado mucho.

El segundo plato puede ser huevos, pescado o legumbres. Los huevos se sirven de varias maneras pero más frecuentemente salen en una especie de tortilla--o española o francesa o campesina. Al parecer no toman huevos con el desayuno. Tampoco hay muchas legumbres o ensaladas. Las hay pero parecen no gustarle a María Cristina. Una cosa rara que me dieron el otro día fueron espárragos blancos con salsa de alioli. Estuvieron muy buenos.

Hay pescado en gran abundancia y está siempre fresquísimo. Cuando comenté esto, María Cristina me dijo que las compañías pesqueras llevan el pescado a los mercados diariamente a toda velocidad. Hay muchas clases de pescado que me eran totalmente desconocidas--además en EEUU yo tomaba muy poco pescado. Un tipo que se encuentra en los dos países es el lenguado. El pescado generalmente se prepara de una manera sencilla--o frito o al horno. No suelen servirlo con salsas complicadas como los franceses.

El tercer plato por regla general es una ración de carne. Puede ser algo que conozco como una chuleta de cerdo o algo totalmente nuevo como cabrito guisado. A mí me gusta la carne aquí pero al principio tuve cierta repugnancia en cuanto a probar la cabra. Pensándolo bien, no hay ningún motivo por cuestionar las prácticas culinarias aquí. Lo que pasa es que llegué con muchos prejuicios adqueridos a través de los años. Lo que me sorprende es que aquí se tome mucha ternera. Claro, es mucho más barata aquí que en EEUU. Se toma de muchas maneras: filetes, chuletas, estofados, etc. Y es muy buena y muy tierna.

Los platos salen uno por uno--no sirven combinaciones como en EEUU aunque a veces sirven arroz o patatas fritas con el plato principal.

Después viene el postre que suele ser flan o fruta natural--¡y a veces yogur! Me costó mucho trabajo pelar una naranja sin usar los dedos--para luego comerla con tenedor--¡vaya costumbre! He tenido más suerte con plátanos y manzanas. El café que tomamos en casa es instantáneo. Lola y Josefina suelen tomarlo solo de postre pero a mí me dan café con leche porque así lo prefiero. Lo que no me dan es leche fría que acostumbraba tomar en EEUU. Dicen que la leche fría es para los niños, no para la gente mayor. Así que cuando tengo mucha sed, tomo el agua mineral--sin gas--que sirven con cada comida. María Cristina me dijo que no debo tomar el agua corriente porque puedo enfermarme. Sin embargo, en el Instituto nos dijeron que no hay ningún problema con el agua aquí. Supongo que es mejor no arriesgarme a una experiencia desagradable.

Según lo que me dicen María y Nancy, hay mucha variación en cuanto a las situaciones familiares de los estudiantes norteamericanos. Eso se aplica también a la comida. Hasta ahora yo me quedo muy satisfecha y creo que María Cristina realmente ha tratado de darme lo mejor que pueda. Nancy, sin embargo, me dice que conoce a estudiantes que, como ella en su primera casa, han tenido peor suerte: la señora les da lo mínimo en cuanto a comida, la fruta muchas veces está pasada, y los domingos no hay comida--la señora necesita descansar. En cambio, María, que al parecer es muy melindrosa, ha persuadido a su señora que le prepare nada más de cuatro o cinco de sus platos favoritos--todos muy parecidos a la cocina norteamericana. Al parecer, la fortuna es también veleidosa en España.

Capítulo VI

Vocabulario

Sustantivos

almohada-pillow
armario-closet
asistenta-maid
bandeja-tray
cintura-waist
especie-kind
ingreso-income
mantel-tablecloth
merienda-snack
mueble-piece of furniture
paño-cloth
pasillo-hall
polvo-dust
suciedad-dirt
viuda-widow

Verbos

alegrarse-to be pleased, glad
aliviarse-to get relief
alquilar-to rent
arriesgarse-to risk
cobrar-to charge, collect
ducharse-to take a shower
encargarse-to take charge
encender-to turn on
estropear-to ruin
gritar-to shout
limpiar-to clean
marcharse-to go away
molestar-to bother
soler-to usually
tender-to hang up

Otras palabras y expresiones

al horno-baked
a principios-at the beginning
a través de-across
cerrar con llave-to lock
de aquí en adelante-from now on
echar de menos-to miss
estar dispuesto-to be willing
lujoso-luxurious
mantenerse a flote-to keep one's head above water
melindrosa-fussy
parece mentira-it seems unbelievable
sacar provecho-to profit
tener cuidado-to be careful
veleidosa-fickle
ya no-no longer

Capítulo VI

Práctica de vocabulario

Complete las frases siguientes empleando palabras apropiadas de las listas anteriores.

1. Muchas veces las __________ en España __________ dormitorios a los estudiantes.

2. Lo hacen porque las pesetas que __________ aumentan los __________ de la familia.

3. Sara se __________ al saber que María Cristina tenía una __________.

4. La asistenta se __________ de la limpieza de los __________.

5. La asistenta __________ todo con un __________ especial.

6. Y si había manchas en el __________, ella __________ a todo dar.

7. En efecto, le __________ cualquier __________ que pudiera haber en la casa.

8. Ella __________ decir que el __________ entró desde la calle.

9. Cuando la asistenta trabajaba, llevaba una __________ de delantal porque no quería __________ la ropa de la calle.

10. Después de lavar toda la ropa sucia que Sara tenía en su __________, la asistenta la __________ para secarla.

11. Muchas veces la asistenta llevaba una __________ para Sara sobre una __________ de plata.

12. Pero Sara no quería comer todas las golosinas por no __________ se un aumento de __________.

13. Después de hacer las camas e hinchar las __________, la asistenta se __________.

14. Fue entonces cuando Sara podía __________, saliendo al __________ para reírse con María Cristina.

15. Y después podía __________ porque María Cristina la dejó __________ el calentador de agua.

Capítulo VI

Práctica de modismos

Traduzca las frases siguientes al español.

1. Yes, I know, it seems unbelievable.
2. We both work very hard just to keep our heads above water.
3. And yet, we were both willing to take some time off for vacation.
4. At the beginning of July, we got ready to go.
5. After loading the luggage in the car, we locked all the doors of the house.
6. We had chosen a luxurious hotel near the ocean.
7. My wife misses the ocean now that we live in Madrid.
8. We wanted to profit from this experience so we headed right for the restaurant.
9. I guess you know my wife is pretty fussy when it comes to food.
10. Well, anyway, she ordered steak with baked potatoes.
11. You know, you have to be careful when you order steak.
12. I think that chefs are more fickle than fate.
13. In any case, no longer will steak be on our list of favorites.
14. Across the years we've learned to be flexible.
15. From now on, we'll order chicken!

Capítulo VI

¿HAS COMPRENDIDO?

1. ¿Cómo es la casa de Sara?

2. ¿Qué tipo de familias alquilan dormitorios a los estudiantes norteamericanos?

3. ¿Qué actitud tienen algunas señoras respecto a la cocina?

4. ¿Cómo reaccionó Sara a la comida en el salón con la tele encendida?

5. ¿Por qué cambió de actitud?

6. ¿Qué pasa con las asistentas en España?

7. ¿En qué condiciones mantienen la casa en España?

8. ¿Cómo es la calefacción en Sevilla?

9. ¿Qué es un brasero?

10. ¿Cómo es el dormitorio de Sara?

11. ¿Qué diferencias hay entre su dormitorio en Sevilla y el suyo de los EEUU?

12. ¿Por qué tiene Sara que ducharse por la mañana?

13. ¿Por qué le gustan a Sara los jabones españoles?

14. ¿Qué piensa hacer con la ropa sucia?

15. ¿Por qué no tiene Sara que usar el telefonillo?

16. ¿Por qué tuvo Nancy que cambiar de casa?

17. ¿Qué puede hacer un estudiante si no está satisfecho con su situación familiar?

18. ¿Qué actitud deben tener los estudiantes, según Sara?

19. ¿Cómo es la comida en España?

20. ¿Cuándo toman huevos los españoles?

21. ¿Qué plato nuevo le gustó a Sara?

22. ¿Cómo es el pescado en España?

23. ¿Cómo se prepara el pescado?

24. ¿Cómo reaccionó Sara a la carne de cabra?

25. ¿Qué clase de carne se toma mucho en España?

26. ¿Cuáles son los postres más frecuentes en España?

27. ¿Cómo toman las frutas naturales?

28. ¿Por qué no toma leche fría la gente mayor en España?

29. ¿Por qué no piensa Sara tomar agua corriente?

30. ¿Por qué varía la comida de casa en casa?

Capítulo VII

Querido diario, 9 de febrero

Hoy fui de compras con Nancy y María. Bueno, la verdad es que sólo María quería comprar cosas. Nancy nos acompañó para indicarnos las tiendas y yo fui para ver lo que haya. María tiene costumbre de vestirse muy bien y quería ver las últimas novedades para estar de moda a la española. Nancy, igual que yo, prefiere vestirse de una manera informal la mayor parte del tiempo.

Fuimos primero a El Corte Inglés[1]. Es un almacén grande y moderno. En la planta baja tienen toda clase de artículos como perfumes, equipaje, etc. En el sótano hay un supermercado de comestibles e incluso tienen tapas ya hechas a la venta. Me imagino que la gente que quiere tener fiesta en casa puede comprar todo aquí sin necesidad de pasar horas en la cocina. Luego subimos a los pisos de arriba--hay seis u ocho, no recuerdo bien--todos conectados por escalera mecánica. Hay pisos de artículos para caballeros, prendas para la mujer, toallas y ropa para la cama, ferretería en fin, hay de todo. Y en el piso más alto hay una cafetería. Puesto que el almacén no se cierra durante las horas de siesta, uno pudiera pasar todo el día allí. Nosotras no tomamos nada en la cafetería porque Nancy quería llevarnos a Galerías Preciados[2]. Por eso, después de que María había hecho sus selecciones, nos marchamos.

Galerías Preciados es otro almacén grande, muy semejante a El Corte Inglés. Me parece que hay una competencia entre los dos parecida a la que existe entre Macy's y Gimbel's en la ciudad de Nueva York. Yo me aburría viendo tanta ropa, así que mientras María se probaba un sinfín de blusas, pantalones, etc., Nancy y yo fuimos para mirar libros--una gran afición mía. Tienen una librería grande. Yo quería comprarme varios pero me contuve y sólo seleccioné una novela cuyo título (<u>Si te dicen que caí</u>)[3] me atraía. Nancy me dijo que a lo mejor nunca

1. El Corte Inglés: Plaza del Duque, 3.
2. Galerías Preciados: un almacén situado en la Plaza de la Madalena.
3. <u>Si te dicen que caí</u>: Juan Marsé, Seix Barral, Barcelona, 1976.

llegaría a leerla. A ella también le gustan los libros pero no encuentra tiempo para leer por gusto nada más.

Por fin María nos buscó, sobrecargada de bolsas. Ya eran las seis de la tarde y decidimos tomarnos una merienda antes de volver a casa. Nancy nos llevó a su confitería favorita en la calle Sierpes. Los olores a café, a chocolate y a pasteles de toda clase me apetecían mucho. Tuve algunos momentos de duda porque sabía que si me contagio con el vicio de la merienda, me voy a engordar pronto y luego quizás Rickey me abandone cuando regrese a EEUU. Pero la tentación me venció y pedí chocolate y dos pasteles atrayentes. Resultó que ver y oler son una cosa pero probar es otra. El chocolate es muy diferente del que había tomado en EEUU--es muy espeso y de fuerte sabor. Y los pasteles, que por su apariencia te dan mucha ilusión, resultan ser muy dulces pero algo sosos. ¡Tanto mejor! De aquí en adelante tendré una tentación menos. Nancy quedó muy sorprendida ante mi reacción porque a ella le gustan mucho los pasteles españoles--especialmente las palmeras que tienen forma de abanico o quizás mariposa. Bueno, cada cual con lo suyo. Además, ella es delgadísima y al parecer no tiene que preocuparse con la cuestión de mantener la línea.

Mientras tomábamos la merienda, María nos iba mostrando lo que se había comprado. Yo no presto mucha atención a la moda pero me era obvio que la ropa aquí está muy al día. Es algo diferente que la nuestra--se parece más a las fotos que he visto de las últimas novedades francesas. A María le encantaban sus compras y no ve el día de poder estrenar la ropa nueva en EEUU. Yo pienso comprarme unas cuantas cosas antes de volver a casa también pero por ahora necesito controlar mis gastos para poder aprovecharme de experiencias nuevas cuando se me presenten. Además de ropa, María se compró unas cuantas cosas para uso personal. Al parecer no se llevó casi nada pensando buscar todo aquí. Yo hice casi lo contrario no sabiendo si pudiera encontrar mis marcas favoritas. Me sorprende que hay de todo: pasta dentífrica, champú, jabones, perfume, todos de importación. Pero también los hay de fabricación española y según Nancy son tan buenos como los norteamericanos. A ella le encantan en particular los jabones españoles y fue ella quien me recomendó que comprara Heno de Pravia.

Pasamos mucho tiempo charlando, viendo a la gente, disfrutando del ambiente animado característico de la hora del paseo. Luego nos marchamos y volvimos a casa puesto que María no quería pasearse con tantos paquetes. Quedamos en ir a la discoteca por primera vez mañana por la noche. ¡Qué ilusión!

Querido diario, 10 de febrero

¡Cuánto me gusta España! Mi primera visita a la discoteca fue fenomenal. Me siento tan emocionada que no sé si voy a poder organizar mis pensamientos para apuntarlos. Pero aquí va....

Fuimos, Nancy, María y yo, a Dianca. Nancy nos explicó que hay muchas discotecas en Sevilla pero que varían mucho entre sí. Por ejemplo, hay algunas muy pequeñas y otras bien grandes. En las grandes suelen tener espectáculos además de la pista de baile. También varían los clientes según lo que nos dijo ella. Hay clubes adonde van los homosexuales y otros que son frecuentados por los travestis. No he visto a ningún travesti hasta el momento--que yo sepa--pero Nancy me dijo que hay muchos.

La música es casi igual en todos los sitios. Tocan muchas canciones populares de Inglaterra y de Estados Unidos. De vez en cuando ponen unas sevillanas[4]. Con sólo una semana de clases no estamos preparadas para intentar bailar la sevillana pero Nancy sí que puede. La gracia de los movimientos es impresionante.

El ruido en la discoteca es muy fuerte--es casi imposible hablar sin gritar. Hay mesas y sofás donde puedes sentarte cuando no estás bailando. Hay también luces de varios colores y espejos a veces.

Una cosa que me sorprendió es que los jóvenes bailan de varios modos pero casi siempre sin contacto físico. Por eso, dos muchachas pueden salir a la pista, o dos hombres, o una pareja, o una persona sola--no importa. Sólo se necesitan poner al ritmo de la música y ya está.

Nancy nos explicó que si quieres llegar a conocer a un joven, te lanzas a la pista, te pones a bailar junto a él, y a lo mejor él se presentará al terminar el baile. En efecto, ella nos hizo una demostración para indicarnos cómo hacerlo. Tenía razón--el muchacho se tragó el anzuelo sin vacilar. María y yo nos sentíamos cohibidas y por eso elegimos bailar juntas. Sin embargo, se me acercó un joven y al terminar la música me siguió a la mesa. Me dijo que se llamaba Roberto y luego empezó a hacernos una serie de preguntas: ¿De dónde éramos? ¿Por qué estábamos en Sevilla? ¿Qué tal nos gustaba España?, etc. No

4. Sevillana: un baile folklórico típico de Sevilla, caracterizado por una serie de pasos muy estilizados y sensuales.

queríamos ser descorteses, y además Nancy parecía estar dispuesta a invitarle a unirse con nosotras, así que le buscamos asiento y seguimos charlando.

Mientras charlábamos, tomamos un par de cervezas, pero noté que muchos de los españoles tomaron sólo coca cola u otro refresco. No parecen tan apegados al alcohol como los norteamericanos. Pero sí fuman una barbaridad. Ninguna de nosotras fuma pero Roberto y Jaime (así se llama el nuevo amigo de Nancy) fuman constantemente. Y los demás jóvenes españoles también. Así que el ambiente se hace muy pesado, pero Nancy me dijo que hay que aguantarlo si quieres divertirte en España. No hay más remedio según parece.

Roberto supo pronto que estoy en España desde hace muy poco y por eso se ofreció para explicarme toda la historia de Sevilla. Para él Sevilla es el centro de la cultura española: sus monumentos, sus poetas, sus artistas, su música, su comida, son mejores que los de cualquier otra región de España. No quedó satisfecho con hablarme de su ciudad. Insistía en mostrarme todo para poder explicarlo mejor. Yo le dije que con todo gusto le acompañaría a una visita a los puntos de interés turístico. Quedamos en salir juntos la semana que viene. Parece ser un chico muy simpático. Y es bastante guapo también.

Era muy tarde cuando por fin decidimos despedirnos. Tenía cierta preocupación en cuanto a viajar a casa a esas horas pero Roberto ofreció acompañarme. No estaba segura si debía decirle que sí o no pero Nancy acabó con mi vacilación diciéndole ¡fantástico!, así ella no tendría que preocuparse de mí. Así que Roberto y yo les dimos las buenas noches a Nancy, María y Jaime y nos dirigimos para mi casa. Roberto buscó un taxi y pronto había encontrado uno. Subimos y en un tris estuvimos a la puerta. Le di las gracias a Roberto y prometí encontrarle en la Plaza de San Francisco a la hora convenida. Será mi primera cita en España. A lo mejor no debo decirle nada a Rickey.

Querido diario, 11 de febrero

Acabo de volver de Cádiz. Fuimos allá para observar el Carnaval. Éramos un grupo grande--fue una excursión oficial del Instituto y casi todos los estudiantes se fueron. Fuimos en autobús y llegamos bastante temprano--es un viaje fácil. Llegamos por la tarde y tuvimos tiempo para pasearnos por la ciudad por un rato antes del comienzo de las festividades. Al ponerse el sol la música empezó a escucharse en todas partes y la gente salía de las casas como tantas hormigas. Había puestos de comida en cada esquina y las tabernas estaban repletas también. Poco a poco vi a gente disfrazada, algunos con trajes extravagantes con aspecto de diablo, de monstruo e incluso de figuras políticas como Fidel Castro. La gente tomaba mucho vino--el tipo blanco que aquí se llama "fino"--y con el paso del tiempo vi a hombres dormidos en las calles--al parecer habían tomado demasiado.

Nancy, María y yo caminábamos por todo el centro escuchando la música, observando todo y comiendo de vez en cuando. Hacía un frío bastante desagradable. ¡Qué suerte que me había llevado pantalón vaquero y un suéter de lana! Parece que los vientos del Atlántico influyen en el clima de Cádiz. De todos modos no me sentía en el trópico. A las cuatro de la madrugada estábamos cansadísimas y por eso volvimos al autobús. Gracias a Dios que el chófer estaba allí tomándose una siesta y nos dejó subir. Poco después comenzó a llover--no muy fuerte pero una llovizna constante--y nosotras nos alegramos de haber vuelto al abrigo del autobús. Sin embargo, nuestros compañeros del Instituto no volvieron hasta las siete de la mañana--hora en que todos se habían puesto de acuerdo para estar de vuelta. Yo le pregunté al director cómo los españoles pueden desvelarse toda la noche y luego trabajar el próximo día. Me dijo que es normal en España; que se acostumbran a dormir poco. Yo sé que a mí me costaría mucho llevar una vida así.

Nunca he visto el Mardi Gras de Nueva Orleans, pero creo que será más impresionante de lo que vi en Cádiz. Si el Carnaval debe ser una fiesta religiosa--por su relación con el Miércoles de Ceniza y Cuaresma, en mi opinión no lo es. Lo que yo vi fueron celebraciones muy profanas e incluso paganas. Posiblemente habría entendido más si hubiéramos tenido con nosotras a algunos compañeros españoles para explicarnos los detalles culturales de interés. En fin, me alegro de haber ido pero no me divertí gran cosa. Y María y Nancy están de acuerdo conmigo, de manera que no es una reacción idiosincrática.

Capítulo VII

Vocabulario

Sustantivos

afición-liking, hobby
ambiente-atmosphere
cita-date
espectáculo-show
espejo-mirror
ferretería-hardware (store)
llovizna-drizzle
marca-brand(name)
moda-fashion, style
prendas-articles of clothing
puesto-stand
ruido-noise
sinfín-a countless number
sótano-basement
vacilación-hesitation

Verbos

aburrirse-to be/get bored
contagiarse-to catch, get "hooked"
charlar-to chat
desvelarse-to stay up all night
disfrutar-to enjoy
elegir-to choose
engordarse-to get fat
indicar-to point out
lanzarse-to jump into
mostrar-to show
oler-to smell
quedar en-to agree
regresar-to return
tocar-to touch, play
vencer-to conquer, win

Otras palabras y expresiones

apegado-fond of
atrayente-appealing
cohibido-inhibited
con todo gusto-gladly
convenido-agreed upon
el sol se pone-the sun sets
estar al día-to be up date
estar de moda-to be in style
incluso-even
mantener la línea-to stay in shape
no ver el día de-not to be able to wait for
repleto-full
soso-tasteless
tener razón-to be right
unos cuantos-a few

Capítulo VII

Práctica de vocabulario

Complete las frases siguientes empleando palabras apropiadas de las listas anteriores.

1. Nancy le había __________ a Sara cómo aprovecharse del __________ social de Sevilla.

2. Sara no quería __________ se, cosa casi imposible dado el __________ de oportunidades.

3. Así que ella se __________ a la batalla con la esperanza de __________.

4. Casi en seguida se __________ de la __________ española.

5. Siempre pedía que las dependientes le __________ las __________ más famosas.

6. Luego sin __________ Sara __________ la ropa más elegante.

7. Nunca __________ a casa sin cargar varias bolsas de __________ nuevas.

8. Luego __________ mucho de verse en el __________.

9. Había solo un problema: su gran __________ a la comida española. Estaba __________ se.

10. Una noche de __________, tenía una __________ con Roberto.

11. Habían __________ en ir a un __________ en el Teatro Nacional.

12. Al llegar, oyeron un gran __________; fue la orquesta que ya comenzó a __________.

13. Después, caminando a casa, pasaron por tiendas de ropa, estancos, pastelerías y __________ de __________.

14. Era una noche magnífica, pero de vez en cuando __________ algún olor ofensivo que salío de un __________ cercano.

15. Al llegar a casa, los dos se __________ hasta la madrugada __________ de sueños e ilusiones.

Capítulo VII

<u>Práctica de modismos</u>

Traduzca las frases siguientes al español.

1. This afternoon, when the sun sets, I'm going to Sierpes Street.

2. Nancy called to invite me and I gladly accepted.

3. So I'll be there at the agreed upon time.

4. I am very fond of all the pastries that they have in the bake shops.

5. When I see them in the store windows (escaparates), they are so appealing!

6. The windows are completely full of pastries of every kind.

7. I always tell myself that I'll just buy a few.

8. But when I get inside, I'm not at all inhibited.

9. I must confess though that some are rather tasteless.

10. Nancy keeps telling me that I'm not going to stay in shape.

11. I know she's right but it's hard to stop eating.

12. Even Maria Cristina tells me I'm getting fat.

13. That makes me sad because I like to be in style.

14. I can't be up to date if my clothes don't fit me.

15. I can't wait to show my new dresses to my friends at home.

Capítulo VII

¿HAS COMPRENDIDO?

1. ¿Por qué fueron de compras las tres amigas?

2. ¿Cómo visten ellas?

3. ¿Qué cosas están a la venta en El Corte Inglés?

4. ¿Cómo se diferencia de otras tiendas en Sevilla?

5. ¿Cómo se llama el otro gran almacén?

6. ¿Qué le interesa más que la ropa a Sara?

7. ¿Qué compró ella?

8. ¿Qué hicieron las amigas antes de volver a casa?

9. ¿Cómo reaccionó Sara a los pasteles?

10. ¿Cómo es el chocolate en España?

11. ¿Qué son palmeras?

12. ¿Cómo es la ropa española?

13. ¿Por qué no es necesario llevar artículos de aseo a España?

14. ¿Cómo es la hora del paseo?

15. ¿Qué tal le gustó a Sara la discoteca?

16. ¿Qué tipos de discoteca hay en Sevilla?

17. ¿Cómo es la música que tocan?

18. ¿Qué son sevillanas?

19. ¿Cómo bailan los jóvenes españoles?

20. ¿Qué hacen los jóvenes para conocer a nueva gente?

21. ¿Qué toman de refresco los jóvenes?

22. ¿Qué vicio parecen tener todos?

23. ¿Qué quiere hacer Roberto?

24. ¿Cómo es Sevilla, según él?

25. ¿Cómo es Roberto?

26. ¿Cómo volvió Sara a casa?

27. ¿Por qué fue Sara a Cádiz?

28. ¿Cómo llegó allí?

29. ¿Cómo era el ambiente de la ciudad?

30. ¿Qué tiempo hacía? ¿Por qué?

31. ¿Por qué volvieron al autobús las amigas?

32. ¿Qué le sorprende a Sara?

33. ¿Cuál fue la impresión del Carnaval que se llevó Sara?

Capítulo VIII

Querido diario, 14 de febrero

Hoy no tuve clases por la mañana y por eso María Cristina me invitó a hacer las compras con ella. Yo le dije que sí, naturalmente no sólo para estar con ella y llegar a conocerla mejor sino también para ver cómo los españoles seleccionan las provisiones. Fuimos primero a El Corte Inglés--al supermercado que tienen en el sótano. María Cristina me dice que los precios son más altos allí que en otras tiendas pero que sin embargo ella prefiere comprar en El Corte Inglés porque después le gusta subir a la cafetería y tomarse una merienda.

En el supermercado noté que hay poca diferencia con los de EEUU. Sí, había algunos productos que yo no conocía, y claro, no sabía ni la mitad de los nombres, pero viendo la foto o descripción en el paquete, por la mayoría me di cuenta de lo que se nos ofrecía. Es difícil decir qué me chocó más pero supongo que era la leche. Había leche en bolsas de plástico que se vendía de mostradores refrigerados pero también vi leche en los estantes con los productos envasados. María Cristina me explicó que es leche esterilizada y que no se estropea aun sin la refrigeración. Se vende no sólo en botellas sino además en paquetes de papel encerado. Y se venden vino y jugos de esta forma también. Yo creía que éramos los norteamericanos los que representaban la vanguardia en cuanto al envasamiento pero parece que no.

Cuando María Cristina había terminado con sus selecciones, pagó las compras y subimos al piso más arriba para tomarnos algo. Yo no tenía mucho apetito porque me había desayunado hacía sólo dos horas, pero María Cristina insistió en que yo le acompañara. Así que pedí una Coca Cola y un sándwich de jamón y queso. Los gustos norteamericanos evidentemente han influido en la cocina española porque yo he visto a sevillanos tomando sándwiches con frecuencia. María Cristina pidió churros y chocolate--a ella le gustan las cosas dulces. A mí me gustan los churros también pero los prefiero con café con leche. No me acostumbro al chocolate español.

Fue una merienda tranquila y María Cristina no parecía

tener ninguna prisa en cuanto a reanudar sus quehaceres. Pero por fin sugirió que nos marcháramos y yo, naturalmente, le indiqué mi conformidad. Fuimos luego al mercado para comprar los productos frescos: carne, legumbres, etc. Allí sí que me llevé una sorpresa no sólo por la gran variedad de cosas desconocidas sino también ante el comportamiento de las mujeres. Todas empujaban, gritaban y nadie pero nadie esperaba su turno. No había colas ni nada. Las mujeres se acercaban al puesto donde querían comprar algo y gritaban al vendedor o la vendedora y con suerte fueron atendidas. De lo contrario seguían gritando y empujando hasta salirse con la suya. ¡Qué barbaridad!, me dije yo. Nunca podría funcionar dentro de tal sistema. Pero María Cristina me dijo que eso no es nada, es normal, cosa de todos los días. Y al fin, todas vuelven a casa con lo que querían comprar.

Los puestos más interesantes eran los de pescado y embutidos. Había pescado y mariscos de toda clase--muchas cosas que nunca había visto antes como pulpo, angulas, chipirones...Los embutidos olían muy buenos pero algunos me parecían muy feos--negros, arrugados, secos y otros con un tipo de moho blanco sobre todos ellos. Pero había chorizo de varias clases y ya sabía cuánto me gustaba. María Cristina lo sabía también y por eso me compró medio kilo de uno de los mejores. Me explicó que los embutidos "feos" se usan en su mayoría para hacer guisados o cocidos y que cambian de parecer después de cocer por mucho rato. Son muy fuertes y agregan un sabor riquísimo a los guisos, ella me aseguró.

María Cristina compró unos calamares--dijo que los iba a freír--y tres kilos de filetes de ternera. Como ya te dije, sirve ternera casi todos los días. Además compró unas cuantas cosas para hacer un cocido--me dijo que me iba a gustar mucho. Ya veremos. Luego fuimos a comprar huevos que se encuentran en otro puesto. Se venden por pieza y no los empaquetan en cajas como en Estados Unidos. Los meten en una bolsita de papel. ¡Caramba! Hay que tener mucho cuidado especialmente en los autobuses. Otra cosa que me extrañó fue que los pollos se venden con patas y cabezas intactas. No me gustó nada ver eso. Pero peor aun era ver los pobres conejitos, todavía con la piel sin quitar. Decidí en ese momento nunca tomar conejo, no importa el hambre que tenga.

Las legumbres me parecían más o menos normales y las frutas también. La única cosa que me era nueva eran las habas, que son parecidas a los "lima beans" que tenemos en EEUU. Fuera de eso, tenían todo lo que nosotros: guisantes, judías verdes, patatas, cebollas, ajos, pimientos, calabacines, berenjenas, qué sé yo.

Las frutas las había visto todas antes incluso las chumberas que a veces se venden en el supermercado en mi ciudad en EEUU. María Cristina compra plátanos y manzanas más que otras cosas pero me dice que en el otoño compra muchas uvas que son riquísimas.

Con muchas bolsas, emprendimos el viaje a casa, llegando justo con tiempo para preparar la comida. Yo le di las gracias a María Cristina porque esta excursión me ha enseñado mucho acerca de las costumbres españolas. Cada día veo algo nuevo. Es como si toda la ciudad fuera una clase. ¡Y no tengo que prepararme para exámenes! ¡Qué bueno!

Querido diario, 15 de febrero

Esta mañana salí con Roberto para ver los sitios de interés turístico en Sevilla. Fuimos primero a la Catedral. ¡Qué impresión! ¡Es grandísima! Sólo hay dos iglesias más grandes en el mundo. El ambiente es muy sombrío pero no pude menos que sentirme captada por la espiritualidad que llena el tremendo vacío. Pasamos también a visitar el tesoro de la Catedral y vimos la tumba de Colón[1]. Roberto insistió en que el Almirante está aquí aunque yo le dije que había leído que los restos del Descubridor todavía están en Santo Domingo[2]. Se nota que los españoles son muy orgullosos de su historia.

Luego subimos la Giralda y Roberto me explicó cómo había servido de alminar de donde los almuecines grita ban las oraciones en tiempos de los árabes. La parte de arriba fue construida después por los cristanos quienes incorporaron la torre en su catedral. La arquitectura me interesó y además podíamos ver casi toda la estructura exterior de la Catedral, pero lo que más me gustó fue la magnífica vista de la ciudad. También era interesante ver desde arriba las estrechas y tortuosas calles del centro. Al bajar, fuimos al Alcázar[3], el antiguo palacio de los moros. Afuera tiene el aspecto de una fortaleza pero adentro tiene toda la delicadeza por la cual los árabes tienen fama. Roberto (¿Cómo sabrá tanto? me pregunté) me dijo que los cristianos cambiaron muchos elementos decorativos de la parte interior--a veces con resultado infeliz. Pero hay tapices magníficos también y dos jardines muy bonitos. A mí me gustan tanto las fuentes como al parecer les gustaban a los árabes.

1. Colón: Cristóbal Colón, el nombre español de Columbus, también llamado El Descubridor y El Almirante.
2. Santo Domingo: Actualmente, la República Dominicana.
3. Alcázar: El palacio fortificado musulmán cerca de la catedral en Sevilla.

Roberto también quería llevarme a la Casa de Pilatos[4] pero yo estaba cansada y le dije que otro día tendría que ser. Gracias a Dios no insistió, así que fuimos al Barrio Santa Cruz para tomar un refresco. Charlamos de Sevilla y de sus muchos monumentos y yo empecé a preguntarme si tendría tiempo para ver todo aun quedándome aquí por cuatro meses. Roberto me aseguró que con su ayuda puedo llegar a conocer bien la ciudad. ¡Qué bueno haber conocido a un chico tan bien informado--y tan simpático a la vez!

En efecto, al despedirnos me invitó a salir con él y sus amigos en plan de tapas a la hora del paseo. Quedamos en encontrarnos en el Bar Modesto a las siete.

Pues ya sabía que los españoles tienen una actitud algo casual en cuanto al tiempo, pero a pesar de eso llegué a las siete en punto. ¡Una equivocación! Después de media hora de esperar, sintiéndome muy nerviosa por estar sola y sin tener nada que hacer, me di cuenta de mi situación y entré para tomar un vaso de vino para calmarme. A las ocho llegó Roberto con dos amigos más. Me saludó como si tal cosa--besándome en las dos mejillas para mi sorpresa--y me presentó a sus compañeros, Diego y Alicia.

Yo estaba sentada a una mesita al llegar ellos, pero Roberto quería que nos acercáramos a la barra. El nivel de ruido me parecía muy fuerte--pero después de la otra noche en la discoteca, esto no era nada--o como dicen los españoles, <<era normal>>. Roberto pidió vino para todos y también unas cuantas raciones de las especialidades de la casa. Me preguntó qué me gustaba y le dije que los boquerones, que son anchoas blancas en escabeche. Yo no tenía mucho apetito de todos modos porque había tomado la comida hacía sólo unas cuantas horas. A pesar de eso probé un poco de todo. Puesto que muchas tapas tienen un sabor fuerte, estimulan las ganas de comer aun cuando uno no tiene hambre.

La conversación era continua y a veces me parecía que todos hablaban a la vez. Me hicieron un sinfín de preguntas sobre los Estados Unidos y mis actitudes hacia España. Yo realmente nunca me he considerado muy chauvinista pero no podía aguantar la fuerte crítica que estaban haciendo de mi país. Así que me puse a defender lo que nunca había defendido en casa. Pero cuando yo saqué a luz algunos de los defectos de España, ya fue otro gallo que cantaba. ¡Ni modo! Me silenciaron diciéndome

4. Casa de Pilatos: construida en el siglo XVI por el Duque de Tarifa después de hacer un viaje a Jerusalén. Actualmente es la residencia del Marqués de Medinaceli.

que no, que estaba equivocada, que no entiendo bien la realidad española, que no sé qué....¡Qué barbaridad! Pronto supe que a pesar de la mejora de mi dominio del español, todavía me falta mucho para participar con éxito en un debate socio-político. Sin embargo, la frustración que sentí al no poder expresar todas mis ideas me ha motivado a esforzarme más en el aprendizaje del lenguaje coloquial.

A mediados de nuestra discusión, llegó otra pareja, Pedro y Mariluz. Noté que los muchachos se saludan con apretones de manos pero las chicas suelen besarse en las mejillas. Roberto me presentó a los recién llegados quienes de inmediato sacaron cigarrillos y se los ofrecieron a todos. Se sorprendieron cuando les dije que no fumo. En efecto el humo en la taberna me estaba molestando bastante--los ojos me ardían y la garganta me dolía--pero no había más remedio que aguantar.

Roberto les explicó a Pedro y Mariluz lo que veníamos comentando y ellos sin vacilar se lanzaron a la arena también. Me sorprendió mucho la cantidad de cosas que estos jóvenes saben de los Estados Unidos. A la vez tenía cierta vergüenza porque la verdad es que hasta ahora no sé mucho--de profundidad--sobre la sociedad española. Nunca me interesaba mucho la política y sólo la sigo en sus grandes líneas, pero claro, en nuestros periódicos no veo casi nada sobre España. Así que mis "adversarios" tenían una gran ventaja--yo ni siquiera sabía cuando se estaban equivocando.

Creo que Roberto notó mi incomodidad con el tema porque empezó a hablar de la situación de la mujer. De eso sí sé algo y me puse a decir que la mujer norteamericana está mucho más emancipada que la española. ¿En qué sentido? me preguntaron. Pues, dije yo, en todo--carreras, ropa, preferencias sexuales, educación...Bueno, parece que no quieren aceptar mi punto de vista ni en cuanto a algo que me parece tan obvio. Empezaron a hablarme de la sexualidad y me dijeron que hace años sí era cierto que las españolas eran muy "estrechas" y que posiblemente esta característica perdure en el campo, pero que en las ciudades--como Sevilla, por ejemplo--la joven profesional no vacila en ligarse con un amigo si le apetece. Y para colmo me dijeron que a pesar de toda la fama de fácil que tiene la mujer norteamericana, en comparación con la española es muy fría en cuestiones amorosas.

Yo, realmente, tenía cierta vergüenza al conversar sobre estos temas allí en un bar rodeada de gente desconocida. Además, me sentía algo incómoda porque estábamos parados como en el autobús--casi pegados el uno al otro. Pero nadie parecía hacernos caso y noté que mis amigos parecían divertirse mucho aunque entre ellos también había opiniones diversas. Me quedó bien claro que si uno quiere salir ganando en esta sociedad, hay que platicar continuamente, tengas o no algo que decir que viene al caso. En parte esto me disgustó. Yo siempre he creído que si uno no tiene nada que decir, o si uno no sabe nada en cuanto al asunto, es mejor callarse que meter la pata. Pero aquí, según parece, para ganar el respeto y la amistad de los demás hay que tener un "pico de oro" como dicen ellos. Yo no soy tímida pero me imagino que para María le va a ser difícil acostumbrarse a esta práctica.

De pronto, Roberto dijo que debimos trasladarnos a otro bar porque tenía ganas de tomarse unos pinchos que servían allá. Noté que los tres chicos aportaron unas pesetas cada uno y que también dejaron una propina pequeña.

Después de pedir los pinchos, Roberto volvió al tema de las relaciones entre hombre y mujer--me parecía que quería descubrir más en cuanto a mis actitudes personales. Lo que más me impresionó durante la conversación era que tanto los españoles como nosotros los norteamericanos tenemos muchos estereotipos que influyen bastante en nuestra manera de relacionarnos los unos con los otros. Por ejemplo, yo tenía una idea vaga sobre los hombres españoles; en general creía que todos eran donjuanes y que andaban con un sólo propósito en cuanto a la mujer. Además creía que ellos suponían que nosotras somos "presas fáciles" y por eso que habría que defendernos mucho. Claro, yo no he pensado mucho en la posibilidad de caerme en la trampa porque, teniendo novio en casa, no pienso entrar en ninguna relación seria aquí. Sin embargo, he tenido momentos de miedo al escuchar piropos por la calle, sentir movimientos ambiguos en el autobús, o incluso notar que un hombre me está mirando fijamente mientras camino por la ciudad.

Alicia y Mariluz también tienen ideas erróneas sobre las norteamericanas. Ellas creen que todas nosotras estamos aquí porque queremos ligarnos con los españoles y tienen miedo que les vayamos a quitar los novios. Al parecer creen que los muchachos de aquí consideran que lo exótico es mejor que lo conocido. Tampoco me parece cierto esta perspectiva. Claro, las chicas norteamericanas quieren pasarlo bien, pero dudo que muchas de veras quieran entrar en relaciones serias con españoles puesto que saben que tienen que volver a EEUU después de cuatro meses. No sé. Es muy difícil saber cuál es la verdad y más difícil aún cambiar la opinión de otra persona sólo por hablar. Espero que, si estos amigos me llegan a conocer bien, tengan una idea más acertada sobre nosotras--y yo de ellos a la vez.

Capítulo VIII

Vocabulario

Sustantivos

caja-box
comportamiento-behavior
equivocación-mistake
estante-shelf
éxito-success
ganas-desire
mejora-improvement
mostrador-counter
nivel-level
oración-prayer
pareja-couple
propina-tip
quehaceres-chores
resultado-result
vacío-empty space

Verbos

aportar-to contribute
asegurar-to assure
caerse-to fall down
callarse-to be silent
doler-to hurt,ache
emprender-to take up
empujar-to push
ligarse-to pair up
meter-to put, place
perdurar-to last
platicar-to chat
preguntarse-to wonder
presentar-to introduce
reanudar-to take up again
trasladarse-to move, transfer

Otras palabras y expresiones

de inmediato-immediately
de lo contrario-otherwise
en punto-sharp
en seguida-immediately
llevarse una sorpresa-to be surprised
meter la pata-to stick one's foot in it
no poder menos (de)-not to be able to help (but)
otro gallo canta-that's another story
para colmo-to top it off
pico de oro-gift of gab
por la mayoría-for the most part
sacar a luz-to bring up, mention
tener prisa-to be in a hurry
tener vergüenza-to be ashamed, embarrassed
venir al caso-to be relevant

Capítulo VIII

Práctica de vocabulario

Complete las frases siguientes empleando palabras apropiadas de las listas anteriores.

1. Roberto y Sara, una joven __________, llegaron a un bar para __________ con sus amigos.

2. Roberto __________ Sara a sus amigos y dijo que llegaron tarde debido a unos __________ en casa.

3. Debido a la __________ en su dominio del español, Sara pudo __________ muchos comentarios a la conversacíon.

4. Estando cerca de la barra, Sara se __________ qué serían todas las cosas extrañas sobre el __________.

5. En ese momento, alguien la __________ y ella se __________.

6. Por un momento se sintió estar en el __________; la cabeza había chocado contra una __________ de madera.

7. El __________ fue que le __________ mucho.

8. Roberto le __________ que el __________ del tío torpe no era normal.

9. Los amigos __________ la conversacíon aunque el __________ de ruido lo hacía difícil.

10. Sara tenía __________ de saber si las relaciones entre jóvenes españoles __________ por mucho tiempo.

11. Roberto le respondió que muchos se __________ pero pocos tienen __________.

12. Bueno, dijo Sara, vamos a __________ ese tema en el __________.

13. Fue una __________; todos se __________ y la miraron fijamente.

14. Roberto sugirió que se __________ a otro bar; fue una respuesta a la __________ callada de Sara.

15. Después de dejar una __________, los amigos __________ el cambio de lugar.

Capítulo VIII

Práctica de modismos

Traduzca las frases siguientes al español.

1. There's one thing I learned immediately when I got to Spain.

2. It's that you have to have the gift of gab if you want to have friends.

3. Otherwise they think you're cold and they won't invite you to go out with them.

4. But for the most part I've been pretty lucky.

5. You know me; I'm always in a hurry.

6. So the first time they invited me for tapas, I showed up at 7:00 o'clock sharp.

7. How surprised I was when no one showed up until 8:00!

8. We started talking and someone brought up women's liberation.

9. I didn't want to stick my foot in my mouth, but I had to express my opinions.

10. My Spanish friends immediately told me I was all wrong.

11. At first, I was ashamed but then I told them there were a few things I didn't like about Spain.

12. Well, it's OK for them to criticize the U.S. but <u>Spain</u>, well that's another story.

13. To top it off that told me that Spanish women are more liberated than we Americans.

14. I couldn't help but tell them that they were totally wrong.

15. In my opinion, none of their comments was relevant.

Capítulo VIII

¿HAS COMPRENDIDO?

1. ¿Por qué hace sus compras en El Corte Inglés María Cristina?

2. ¿Qué diferencias hay entre los supermercados en España y los en EEUU?

3. ¿Qué cosas le chocaron a Sara en el supermercado?

4. ¿Qué se toma con los churros?

5. ¿Qué sorpresa tuvo Sara en el mercado?

6. ¿Qué puestos eran los más interesantes para Sara?

7. ¿Qué embutido le gusta mucho a Sara?

8. ¿Cómo se venden los huevos?

9. ¿Qué le extrañó a Sara en cuanto a los pollos y los conejos?

10. ¿Qué son habas?

11. ¿Había frutas exóticas o desconocidas?

12. ¿Qué actitud tiene Sara hacia sus experiencias fuera de clase?

13. ¿Cómo es la catedral de Sevilla?

14. ¿Qué personaje famoso está enterrado allí?

15. ¿Qué es la Giralda?

16. ¿Cómo es la vista desde la torre?

17. ¿Cómo es el Alcázar?

18. ¿Por qué se citaron para las siete Roberto y Sara?

19. ¿Por qué tuvo Sara que esperar tanto?

20. ¿Cómo era el ambiente en la tasca?

21. ¿Qué tipo de tapa le gusta a Sara?

22. ¿Qué actitud tienen muchos españoles hacia la política exterior de los EEUU?

23. ¿Cómo reaccionan los españoles a la crítica de España?

24. ¿Qué deficiencia se notó la narradora?

25. ¿Cómo se saludan los jóvenes españoles? ¿Y las jóvenes?

26. ¿Qué hacen los españoles cuando sacan cigarrillos?

27. ¿Qué le sorprendió a Sara?

28. ¿Por qué tenía vergüenza Sara?

29. ¿Quién está más emancipada, la mujer norteamericana o la española?

30. ¿Por qué no se sentía cómoda Sara?

31. ¿Qué rasgo personal parece ser imprescindible para el éxito social?

32. ¿Qué le impresionó a Sara?

33. ¿Cuáles son algunos de los estereotipos típicos?

34. ¿Qué incidentes le han dado miedo a Sara en Sevilla?

35. ¿Qué ideas equivocadas tienen las jóvenes españolas?

Capítulo IX

Querido diario, 17 de febrero

Mañana voy a tener mi primer examen en la clase de gramática. La profesora es muy simpática pero sin embargo me siento algo nerviosa. Quiero sacar buenas notas aquí para que mis padres no crean que no haya estudiado. Me siento bastante segura en cuanto a las formas verbales--menos las que corresponden al vosotros que todavía encuentro algo raro--pero no entiendo bien todavía lo que nos dijo la profesora sobre el loísmo y el leísmo.[1] Si incluso los españoles no están de acuerdo, ¿cómo vamos nosotros a llegar a entender este lío?

Gracias a Dios no nos va a preguntar nada sobre el acento andaluz ni sobre la pronunciación en las distintas regiones de España. Cuando yo hablo con algunas personas--en las cafeterías y tiendas por ejemplo--yo no entiendo mucho porque tienen un acento muy fuerte. La profe nos dijo que hay algunos que pronuncian la ese, la ce y la zeta como "s"[2] pero hay otros que pronuncian todas como "th".[3] ¡Qué barbaridad! ¿Cómo me voy a acostumbrar a esta anarquía lingüística?

Mis otras clases van bien. Me gusta muchísimo la clase de baile. No voy a esperar hasta la Feria para poner en práctica mis destrezas nuevas. En las discotecas tocan sevillanas de vez en cuando, así que un día de estos voy a probar mi suerte. No sé si Roberto baila la sevillana o no. Seguro que sí. Quizás le invite para ayudarme a mejorar mi estilo.

La clase de literatura va muy bien. Me interesan mucho los textos que estamos estudiando y además el método de análisis de la profesora es muy diferente del que usamos en Estados Unidos.

1. loísmo: término que se refiere al uso de "lo" como el complemento directo masculino singular tanto para seres humanos como para otros conceptos.
leísmo: término que se refiere al uso de "le" tanto para el complemento directo como para el indirecto cuando lo referido es un ser humano varón.
2. Esto se llama el seseo.
3. Esto se llama el ceceo.

Estamos aprendiendo mucho sobre la cultura de España también, puesto que la profesora insiste en que la literatura tiene que entenderse dentro de un contexto social. La clase de historia es más difícil. El profesor parece saber mucho pero no entiende lo poco que sabemos nosotros. Siempre hace referencias a datos y fechas suponiendo que nos damos cuenta de lo que quiere decir. Pero, nada...Si no fuera por el libro, estaría perdida. He hablado con el director del programa, pero no me ayudó mucho. Me dijo que tengo que acostumbrarme al estilo español de dar clases.

Lo que me molesta algo es que muchos de mis compañeros no parecen tener ningún interés en las clases. Faltan mucho a clase, no hacen la tarea, y no prestan atención cuando nos hablan los profesores. Parecen estar aquí sólo para divertirse. Eso está bien hasta cierto punto pero me quita el entusiasmo a veces especialmente cuando tengo preguntas y quiero dialogar con el profesor en la clase. Me siento algo cohibida porque creo que mis compañeros se están diciendo que yo soy una cosa rara. No sé, a lo mejor estoy exagerando...

Querido diario, 18 de febrero

Bueno, el examencito de gramática fue bien fácil. Creo que saqué "sobresaliente". Ya veremos. Después de las clases, bajé a la cafetería con mi intercambio, José. Queríamos charlar un ratito y creíamos que la cafetería sería un sitio agradable. Además, los dos teníamos hambre. El pidió un sándwich y una cerveza pero yo tomé otro desayuno--café con leche y churros. José y yo hemos quedado en reunirnos dos veces a la semana--una vez para conversar en inglés y otra para charlar en español. Él sabe mucho de la gramática del inglés--quizás más que yo--pero no lo habla muy bien. Su pronunciación es difícil de entender pero no sé hasta qué punto debo corregírsela. No quiero lastimarlo, pero la verdad es que si quiere de veras poder comunicarse con los norteamericanos, tendrá que mejorarse mucho. Estoy segura que piensa igual de mi dominio del español, pero es muy cortés y nunca se ríe--siempre me dice que hablo bien y raras veces me corrige--por lo general lo hace con referencia a vocabulario.

Por ejemplo, yo le pregunté si los chicos en Sevilla forman gangas como en las ciudades en Estados Unidos. Él me explicó que la palabra "ganga" significa una compra barata y que yo debí de decir "pandilla". Tuve vergüenza pero estoy segura que he oído decir "ganga" en ese sentido antes; quizás se usa sólo en EEUU. De todos modos creo que me va a ser de gran beneficio reunirme con José regularmente. Además, aunque no es tan simpático como Roberto, es otro español y espero aprender más

MOWRY '85

sobre la cultura por medio de mis conversaciones con él.

Nancy me dijo que ella tuvo sólo una reunión con su intercambio. Este la invitó a su piso donde dijo que tenía que recoger algunos libros. Una vez allí, le ofreció una copa y empezó a hablar sobre relaciones íntimas. Puesto que ella es muy lista, se enteró de inmediato del plan del joven y se despidió sin más. Nunca se ha molestado para conseguir otro intercambio. María pidió uno pero ella sólo quería tener una chica como pareja. Es muy tímida y no sé si dará el paso necesario para fijar una cita con la española. Ya veremos.

Querido diario, 23 de febrero

Ayer, con la ilusión de ver algo exótico--y de poder decirles a los amigos que habíamos pisado otro continente--Nancy, María y yo decidimos ir a Africa. Fuimos en tren desde Sevilla hasta Cádiz, luego en autobús de Cádiz a Algeciras. En Algeciras, que está al lado del Peñón de Gibraltar, tomamos el barco de pasaje hasta Ceuta. Durante la travesía yo me quedaba afuera porque el mar estaba muy bravo y me sentía mejor al aire libre, aunque muchos pasajeros se mareaban. Podía ver el Peñón desde el transbordador, pero no se parecía en nada a las fotos que yo he visto. Evidentemente se sacan esas fotos desde el otro lado de la península. Me pareció un viaje largo--son solamente treinta kilómetros--pero con el tiempo y el mareo, todo tenía otro aspecto.

La estación de autobuses está muy lejos del puerto en Ceuta. Esta es todavía una ciudad bajo el dominio español--cosa rara ya que España ha cedido todas sus posesiones coloniales. Pero no me sentía como en España sino en un mundo completamente diferente. Y hasta cierto punto, lo es. Los hombres llevan albornoz que es una túnica larga con capucha que parece ser fabricada de lana, y esto aunque hace mucho calor. Además hay tiendas que se llaman "medinas" donde venden alfombras y artículos de cuero.

Caminamos por mucho tiempo porque teníamos miedo de meternos en un taxi. Después de curiosear entre varias tiendas, decidimos tomar la comida. Yo quería probar la comida árabe pero Nancy y María insistían en comer en un restaurante español. Así que cedí para evitar una riña.

Después de una comida tranquila, hablamos y decidimos volver a España en el próximo barco. Por eso emprendimos el viaje de vuelta. Aunque el agua seguía muy brava pudimos coger un barco que fue directamente a Cádiz donde pasamos la noche.

Cádiz es una ciudad con mucha historia, siendo un puerto importante que da al Atlántico. A pesar de eso, no hay mucho de interés turístico aunque el paseo a lo largo del mar es muy bonito con palmeras y todo. Nos paseamos por la ciudad toda la mañana. Nos parecía muy diferente de la noche del Carnaval. Después de la comida tomamos un autobús para Sevilla.

Querido diario, 26 de febrero

Hoy fui al cine por primera vez. Nancy es una aficionada de películas y había una que deseaba ver. Yo había visto películas en español antes pero siempre con subtítulos, así que cuando no entendía el diálogo--que eran las más de las veces--leía lo que decía en inglés y me mantenía al tanto de la acción. Pues, esta vez no tuve tal suerte. No había subtítulos y los actores parecían hablar a toda velocidad. Sólo cogí unas cuantas palabras sueltas y puesto que era una película de mucho diálogo y poca acción, yo estaba perdida desde el comienzo mismo. A Nancy le encantó y me dijo que tengo que ir acostumbrando el oído al habla de los españoles. Me dijo que el vocabulario no es difícil--que el problema es captar los sonidos que ahora se me escapan. Me dijo que ella tardó como tres meses antes de poder disfrutar de una película española. Yo le pregunté por qué diablos me había llevado al cine si sabía de antemano que yo no iba a entender ni pío. Bueno, me respondió, quería compañía. ¡Qué barbaridad!

Querido diario, 2 de marzo

Hoy, Nancy, María y yo decidimos tomar la comida afuera para darles a nuestras señoras un domingo más o menos "libre". Fuimos a un restaurante de lujo en el Barrio Santa Cruz que se llama el Mesón del Moro. Es un sitio muy elegante con manteles y servilletas de lino, velas, cristal y servicio de plata. Los camareros visten ropa formal también y se portan con gran dignidad. Nos llevaron a una mesa en un rincón y nos sentaron con toda cortesía. El menú era casi un libro pero el camarero ofreció ayudarnos en las selecciones. Nos dijo que la paella valenciana es una de las especialidades de la casa y todas decidimos probarla. Nancy nos dijo que es un plato riquísimo y que en un restaurante lujoso debía ser mejor aún. Como primer plato elegí espárragos blancos con alioli--un plato que nunca tomé en EEUU pero uno que ya me gusta mucho. Nancy pidió gambas al ajillo y María una sopa de mariscos. Yo les dije que se iban a hartar de mariscos pero no les importaba nada. También pedimos una botella de vino blanco--siguiendo los consejos del camarero quien nos recomendó un Valdepeñas. Antes cuando he tomado vino siempre ha sido corriente, así que todavía no sé nada sobre los vinos españoles.

Llegó la paella. Fue verdaderamente impresionante con la mezcla de colores: verde, rojo, amarillo, negro, rosado. Había muchos mariscos en la superficie--algunos que no conocía. Nancy nos explicó todo y el camarero--quien no se alejó de la mesa--creo que quería observar a las ingenuas norteamericanas--confirmó lo que ella nos iba comentando. Tiene unos mariscos que parecen langostas pequeñitas--se llaman carabineros[4] por su color rojísimo. Luego hay langostinos, gambas, mejillones y chirlas que son como almejas pero más pequeñas. Y luego un montón de arroz amarillo con un fuerte olor a azafrán. Nancy me dijo que el azafrán viene de una flor y que hay que recoger miles de estambres para juntar una sola onza del producto. A pesar de eso, no es muy caro en España, nos dijo, aunque en Estados Unidos vale un dineral.

Nos gustó a todas la paella. Además de estar sabrosísima, el arroz estaba en su punto. A mí me gusta mucho el arroz pero hay muchos que no lo saben preparar. Gracias a Dios no utilizan aquí ese horrible arroz instantáneo que tenemos en la cafetería de mi universidad norteamericana.

El vino resultó ser muy bueno también y las tres acabamos con la botella sin ninguna dificultad. La paella era tan grande que no me quedaba espacio para el postre pero Nancy insistió en que probáramos arroz con leche. A lo mejor me hubiera gustado más si hubiera tenido más ganas pero la verdad es que no me impresionó mucho. Se sirve con grandes cantidades de canela encima--demasiada a mi parecer. Pero el café estaba muy bueno y quedamos bien satisfechas con la experiencia.

Nos quedamos charlando de sobremesa por mucho rato, y, a pesar de la actividad en el local, nadie nos presionó para que saliéramos. En efecto, tuvimos que llamar al camarero para pedirle la cuenta--de otra forma, dijo Nancy, nunca se hubiera arrimado a la mesa. Se considera de mal gusto apresurar a los clientes.

Aunque la comida es mucho más cara en el Mesón del Moro que en otros lugares, no me parecio muy extravagante. Compartimos la tarifa y dejamos una buena propina puesto que nuestro camarero nos había atendido con cortesía y corrección.

Al salir del restaurante bajamos al parque María Luisa porque todas sentimos la necesidad de ejercitarnos un poco. Hizo buen tiempo hoy--todavía fresco pero muy agradable. Ya las

4. Carabineros: un tipo de langostino (los carabineros llevaban una gorra roja).

flores han salido aquí--parece mentira porque bien sé que en EEUU todavía es invierno. Había muchas familias en el parque, padres jugando al fútbol con sus hijos, señoras viejas comiendo pipas como los loros, muchas palomas blancas buscando una fácil comida, y muchas parejas de enamorados. Parece que todo el mundo aquí sale al parque los domingos. Es un sitio muy bonito con plazas, árboles, estatuas, fuentes, casitas muy bonitas--en fin, hay de todo. Después de pasearnos largo rato charlando sobre nuestras experiencias hasta la fecha, yo invité a Nancy y a María a que vinieran a mi casa para conocer a mi familia. María nos dijo que su señora no quiere que ella lleve nadie a casa, que lo intentó una vez y la señora puso el grito en el cielo--no en el momento, gracias a Dios, sino más tarde. Pues, yo, de veras, nunca había pensado en la posibilidad de disgustarle a María Cristina sólo llevando a una amiga a casa así que al llegar, subimos sin vacilar.

Las dos le gustaron a María Cristina--ella me lo dijo durante la cena. Eso me alegró porque naturalmente quiero mantener mis relaciones con mis amigas y no tendré que escuchar comentarios negativos cada vez que yo salga con ellas.

Capítulo IX

Vocabulario

Sustantivos

alfombra-rug
cuenta-bill
cuero-leather
destreza-skill
ganga-bargain
habla-speech, manner of speaking
local-place
lujo-luxury
mareo-nausea
montón-a lot, great deal
oído-ear, hearing
paloma-pigeon
sobremesa-dinner conversation
superficie-surface
vela-candle

Verbos

acabar con-to finish off
alejarse-to move away
apresurar-to hurry
arrimarse-to approach
captar-to catch, capture
ceder-to give in
compartir-to share
corregir-to correct
dialogar-to discuss
ejercitar-to exercise
fijar-to fix, set
lastimar-to hurt
mejorarse-to improve
pisar-to step on
presionar-to pressure

Otras palabras y expresiones

cortés-polite
dar a-to face
dar clases-to teach
de antemano-beforehand
de mal gusto-in bad taste
de otra forma-otherwise
en nada-at all
en su punto-perfect
ingenuo-naive
lo poco-how little
mantenerse al tanto-to keep up to date
ni pío-nothing at all
por qué diablos-why the hell
sacar buenas notas-to get good grades
sobresaliente-A

Capítulo IX

Práctica de vocabulario

Complete las frases siguientes empleando palabras apropiadas de las listas anteriores.

1. Durante la __________ Sara __________ sus experiencias en Africa con María Cristina.

2. Dijo que mientras el barco se __________ a la costa africana, el mar bravo le dio __________.

3. Pero cuando la __________ del mar se calmó, ella se __________ pronto.

4. Sara buscaba __________ y por eso entró en un __________ que tenía varias cosas exóticas a la venta.

5. Pero aunque los productos le __________ la atención, sabía de inmediato que era una tienda de __________.

6. Sara quería __________ se, pero un señor allí le __________ a que se quedara.

7. Ella __________ debido a la gran __________ persuasiva del mercader.

8. Había __________ tan hermosas que Sara no quería __________ las.

9. Tambíen había un __________ de artículos de __________.

10. Cuando Sara y el señor __________ sobre los precios, ella tenía dificultad en entender su __________.

11. Ella tenía ganas de __________ su empleo del español porque le parecía extraño al __________.

12. Pero Sara no quería __________ lo así que le pidió la __________ por los artículos seleccionados.

13. El señor __________ una __________ en la pared para que Sara pudiera leer los números.

14. Sara se __________ para __________ con el té que le habían dado.

15. Salió a la calle. Quería __________ se un poquito antes de volver a España. Al marcharse, oyó al señor decirle, "Adíos, __________".

Capítulo IX

Práctica de modismos

Traduzca las frases siguientes al español.

1. The building where I have my classes faces San Francisco Square.
2. I really like the way the professors teach.
3. Nonetheless, if I had known beforehand how tough the classes would be, I wouldn't have come.
4. I guess I'm pretty naive.
5. I always get good grades in the U.S.
6. But it will be tough to get A's here.
7. I study every night to keep up to date.
8. But my friends do nothing at all in terms of homework.
9. I can't understand why in hell they came here.
10. They are always doing things that I consider in bad taste.
11. It's tough for me because I want to be polite.
12. I realize now how little they understand this culture.
13. Otherwise, they wouldn't do the things they do.
14. For example, the other day my conversation partner (intercambio) gave us a melon that was just perfect.
15. But their way of saying thank you was not at all like that of the Spaniards.

Capítulo IX

¿HAS COMPRENDIDO?

1. ¿Qué formas verbales le dan lata a Sara?

2. ¿Cuál es la diferencia entre "leísmo" y "loísmo"?

3. ¿Qué quiere Sara ensayar pronto?

4. ¿Por qué le gusta la clase de literatura?

5. ¿Por qué es difícil la clase de historia?

6. ¿Qué le molesta a Sara?

7. ¿Cuál es el resultado?

8. ¿Qué conocimientos tiene José del inglés?

9. ¿Cómo se porta José con Sara?

10. ¿Adónde fueron las tres amigas durante el fin de semana?

11. ¿Por qué fueron allá?

12. ¿Cómo viajaron?

13. ¿Por qué no entró Sara en el barco?

14. ¿A qué distancia está Ceuta de Algeciras?

15. ¿Cómo se sentía Sara en Ceuta?

16. ¿Qué cosas nuevas vio?

17. ¿Qué decidieron hacer las amigas después de comer?

18. ¿Qué experiencia tuvo Sara en el cine?

19. ¿Cuánto tarda por lo general hasta que los estudiantes norteamericanos entienden las películas en español?

20. ¿Por qué decidieron comer afuera las tres amigas?

21. ¿Cómo es el Mesón del Moro?

22. ¿Qué seleccionaron las amigas como plato principal?

23. ¿Qué tomaron de entradas?

24. ¿De dónde era el vino que tomaron?

25. ¿Cómo era la paella?

26. ¿Qué son carabineros? ¿Por qué se llaman así?

27. ¿De dónde viene el azafrán?

28. ¿Para qué se utiliza?

29. ¿Qué es el arroz con leche?

30. ¿Por qué podían quedarse en el restaurante por mucho tiempo las tres amigas?

31. ¿Qué tuvieron que hacer para conseguir la cuenta?

32. ¿Cuándo llega la primavera a Sevilla?

33. ¿Qué hacen las familias españolas los domingos?

34. ¿Cómo es el Parque María Luisa?

35. ¿Qué le pasó a María cuando llevó a unos amigos a su casa?

36. ¿Cómo reaccionó María Cristina a María y a Nancy?

Capítulo X

Querido diario,   7 de marzo

Hoy fui de compras con Lola y Josefina. Hace mucho tiempo que han querido llevarme con ellas a ver las modas españolas porque a su parecer yo me visto mal. Claro, cuando voy al Instituto siempre llevo pantalón vaquero, una camiseta o una blusa, y zapatillas de tenis--de las baratas, no de marca conocida. Pero cuando salgo de noche me visto bien, llevo suéter y falda y a veces chaqueta pero evidentemente me falta algo.

Caminábamos por las calles céntricas mientras me indicaban a varias personas para ejemplificar sus comentarios. --¿Ves a aquella turista? Fíjate en lo cursi que es. --¿Cursi? pregunté yo. ¿Qué significa eso? --Luego me explicaron el concepto de "cursi" que parece ser una enfermedad que sólo padecen los extranjeros. No sé si entendí bien pero tiene algo que ver con la ropa de mal gusto y acciones que molestan--o sea, lo cursi es algo que te choca por no ser "normal"--y claro, todo lo que los españoles hacen es "normal".

--En cambio, me dijeron, fíjate en aquellas muchachas. (Había dos señoritas de unos veinte años al otro lado de la calle). Fíjate en la ropa, el pelo, su manera de andar. --Tengo que confesar que las dos me parecían muy elegantes en comparación con la turista antes mencionada. Pero eso en parte tiene que ver con el color de la piel, del pelo, de los ojos--en fin el aspecto físico, les dije. No, no, no, insistieron. Una española fea sabe arreglárselas para ser atractiva también, usando ropa bien seleccionada, mucho maquillaje y cosas por el estilo. Cedí más por apatía que por convicción.

Entramos en una tienda de modas--una "boutique" al estilo francés. Me hicieron probar un sinfín de trajes y vestidos, todo el tiempo haciéndome comentarios y discutiendo entre sí--que si me quedaba bien, que si no, que el otro era mejor, y así sucesivamente.

Por fin decidieron qué vestido debí comprar--la última novedad, que iba a causar mucha impresión. Luego fuimos a buscar zapatos para hacer juego con el vestido. Esto fue más fácil aunque traté sin suerte de convencerlas que los tacones de cuatro pulgadas no son muy amigos míos. Mis protestas cayeron en el vacío. Bueno, el vestido realmente me gusta y será interesante estrenarlo en EEUU pero los zapatos no me hacen ninguna gracia. Sin embargo, mis "preceptoras" todavía tenían en reserva la sorpresa más grande de todas. Me llevaron a una peluquería. Yo les dije que no, que no quería cortarme el pelo, pero insistían en que tuviera que llevar a término lo iniciado--mi transformación en una española elegante. Bueno ¿qué más da? me dije. En fin, si no me gusta, en unas semanas tendré el pelo largo otra vez. Además no está aquí Rickey para protestar--el pobre siempre ha adorado mi pelo largo.

Bueno, pues, las dos comenzaron a hablar con la peluquera con mucha rapidez y acento andaluz y yo no entendí mucho de lo que estaban comentando. Me sentía como en una sala de operaciones quirúrgicas con los médicos debatiendo el futuro de mi existencia. De todos modos me sentaron en una silla y salió la tijera. Vi en el espejo que mi pelo me iba abandonando con cada "cric". Todo fue tan rápido que casi no me di cuenta. Sentí el aire caliente de la secadora y de repente me preguntaron, "Bueno, chica, ¿qué tal te gusta, eh?" Fue un choque, un verdadero choque. Nunca he seguido de cerca la moda y he sido bastante tradicional en cuanto al peinado. Ahora no sé si me parezco más a una ponki o una modelo francesa. Lo que es cierto es que no me parezco a mí, a la persona que sé que soy--creo...

Querido diario, 10 de marzo

Acabo de escribirles a mis padres. Me siento muy mal. Me duele todo el cuerpo. Hace dos días que no puedo comer. Tengo las glándulas hinchadas y me duele tragar. Tengo fiebre. Le dije a mamá que ojalá estuviera aquí. María Cristina está muy preocupada. Entra a cada rato para verme y tomarme la temperatura. Tengo tanta sed. Le he pedido agua con hielo muchas veces pero María Cristina sólo me da un cubito en cada vaso. Me dice que el hielo no es bueno para la salud--que puedo enfermarme más tomando demasiado. ¡Qué barbaridad! Si lo que necesito es bajar la temperatura. Quiero abrir la ventana pero ella me dice que no--que a lo mejor ya entró un mal aire y por eso me enfermé. ¿Un mal aire? ¡No me digas! María Cristina quiere darme de comer cada vez que entra. No entiende por qué no quiero tomar nada. Sólo quiero dormir. María Cristina me dice que si no me mejoro para mañana, tendremos que llamar al médico. No quiero hacerlo. Prefiero ir al Instituto para hablar con el director acerca de los médicos. Seguro que él tendrá unos que recomendar. ¡Madre mía! ¿Por qué me está pasando esto?

Querido diario, 14 de marzo

Ya ves cómo es la vida. La gripe se me pasó pronto, gracias a Dios...María Cristina me dice que me enfermé porque no me visto bien. Ella quiere que yo lleve un suéter en todo momento, incluso cuando hace bastante calor. He notado que los españoles tienen ideas muy diferentes que nosotros sobre la salud. Parecen tener muchas supersticiones en cuanto al aire de noche, etc. María Dolores siempre se está quejando del hígado. Nunca había oído a nadie hablar del hígado antes--creía que era un problema solamente para los borrachos. De todos modos resultó que no tuve que ir al médico. Me desperté ayer y estaba perfectamente. Ojalá siga así hasta volverme a EEUU.

Querido diario, 15 de marzo

Hoy fuimos a una agencia de viajes. Queríamos saber más sobre los viajes a Portugal. Específicamente, queríamos saber si era posible tomar el tren porque Nancy ya tiene Eurailpass. Lo usó para viajar a otros países durante las vacaciones de Navidad. No se vende aquí--hay que comprarlo antes de salir de los EEUU. Yo no lo hice porque no pensaba salir de España--Rickey quiere que vuelva inmediatamente al terminar mis exámenes finales.

Pues en la agencia nos dijeron que lo más fácil es tomar el autobús puesto que queremos ir al Algarve. Vimos también anuncios de viajes para Londres ¡por un fin de semana! Parece mentira. Preguntamos el costo y nos dijeron que son excursiones muy baratas, al alcance incluso de presupuestos modestos. María quiere ir algún día pero yo no sé. Creo que prefiero quedarme aquí en la península ibérica. Ya veremos.

Querido diario, 20 de marzo

Acabo de volver de un fin de semana en Portugal. Estoy cansadísima pero quiero apuntar mis reacciones antes de que se me olviden. Nancy, María y yo decidimos ir a Portugal porque está muy cerca de Sevilla y porque otros estudiantes nos habían dicho que es muy bonito. ¡Y tenían razón!

Varios nos dijeron que debiéramos ir a Albufeira en el Algarve. Así que compramos los billetes de autobús, pero al llegar a Huelva, donde había que cambiar, descubrimos que el taquillero en Sevilla nos había dado dos billetes Sevilla--Huelva en vez de uno Sevilla--Huelva y otro Huelva--Ayamonte. Al subir al autobús tuvimos una discusión muy desagradable con el conductor quien no quería escuchar nuestra explicación. Por fin cedió y nos dejó subir. A lo mejor los pasajeros españoles estaban pensando mientras tanto, "¡Qué americanas más tontas! ¿Por qué no vuelven a su país?"

Por fin llegamos a Ayamonte en la frontera, pero por desgracia el último barco para Portugal ya había salido. Fuimos a un bar para preguntar dónde podíamos pasar la noche y todos los hombres allí nos ofrecieron su casa. ¡Qué vergüenza! Pero algún samaritano nos indicó una casa donde la familia tiene habitaciones de alquiler.

Después de arreglar lo del cuarto, volvimos a la plaza central para cenar. Poco a poco casi todos los muchachos del pueblo se fueron acercando a nuestra mesa y hacían comentarios. ¡Qué molestia! Nos metimos en un bar para deshacernos de ellos y por fin pudimos volver a la pensión sin estorbos.

Por la mañana cogimos el primer barco para Portugal. Al llegar, había que cambiar dinero y me era difícil entender la diferencia de valor entre la peseta y el escudo[1]. Fuimos en tren desde el puerto hasta Albufeira, cosa de tres horas y pico. El revisor pasó a nuestro vagón para decirnos que bajáramos en la próxima parada. ¡Qué raro! Desde la ventanilla vimos sólo tres edificios--uno era la estación de ferrocarril. Hablamos de nuevo con el revisor pero nos aseguró que allí era el sitio que buscábamos. Los que habían bajado ya del tren habían subido a un autobús--y decidimos hacer igual. Al pararse el autobús, todavía no había edificios, pero después de seguir a pie a la otra gente por un rato, vimos el pueblo.

De camino al pueblo, andando a pie, una vieja se nos acercó llevando un letrero que decía "¿Necesitas un cuarto?" en inglés y en alemán. Puesto que muchos turistas de Inglaterra vienen aquí, mucha gente habla inglés con facilidad.

Fuimos con ella a un barrio residencial y decidimos alquilar una habitación de ella por solamente nueve dólares--¡por tres personas! ¡Qué ganga! Luego fuimos a la playa: es sumamente hermosa--me imagino que debe ser como la costa de California. En el pueblo hay muchas tiendas de cerámica típicamente portuguesa.

Por la tarde fuimos a un restaurante muy bueno para cenar y resultó baratísimo. Luego fuimos a una discoteca donde notamos que los portugueses no sisean como los españoles. Tampoco echan tantos piropos. Pasamos todo el sábado en la playa. Hacía un sol fabuloso pero había una brisa refrescante también. Y había

1. escudo: unidad monetaria de Portugal.

poca gente así que quedábamos muy tranquilas. Traté de meterme en el agua pero, ¡Dios mío! estaba friísima. El domingo por la tarde cogimos el autobús para volver a España.

Siempre aprendo mucho de las excursiones--cosas sobre regiones o culturas diferentes, cosas sobre los líos que te encuentras al viajar, pero más importante, cosas sobre mí misma--las fuerzas y las debilidades que tengo para dar cara a la inseguridad de lo nuevo. He aprendido que el viajar casi nunca es fácil pero que es siempre una oportunidad para desarrollarme, para llegar a ser una persona más completa y más consciente del mundo en que vivo.

Querido diario, 21 de marzo

Hoy tuve que escribirle a papá para pedirle más dinero. Aunque el viaje a Portugal no me costó mucho, veo que mis fondos no me van a durar hasta que vuelva a EEUU. Nancy tiene una tarjeta de crédito--creo que es la VISA, pero yo no. Ella la usa en todas partes, especialmente cuando hace excursiones y me dijo que es muy, muy fácil. Por una parte me gustaría tener una pero por otra a lo mejor gastaría el doble si no tuviera que pensar en tener el efectivo a mano.

No tenía ni idea de cómo calcular los gastos que iba a tener aquí. Sabía que la matrícula que pagué al Instituto incluía las clases, la habitación, la comida y dos excursiones. Pero no sabía cuánto me iban a costar los libros o los gastos personales como las excursiones, las comidas fuera de casa, las discotecas, la pasta dentífrica, etc.

Por regla general he gastado un promedio de cincuenta dólares la semana sólo por "caprichos". Eso no incluye la ropa nueva y el peinado de la otra semana.

El dinero aquí me ha sido bastante fácil de manejar una vez que me acostumbré. Hay monedas de una peseta, de cinco (un duro), de veinticinco, de cincuenta y de cien (de bronce con la imagen del Rey Juan Carlos). Hay billetes de cien, quinientas, mil y cinco mil pesetas--son de distintos colores y tamaños. Hay también billetes de diez mil pero no se ven mucho. Me dicen que antes había monedas de diez y de cincuenta céntimos (dos reales) pero han desaparecido del todo--como consecuencia de la inflación. La pobre peseta está para desaparecer también puesto que tiene menos valor que el desvalorizado céntimo en EEUU.

El cambio varía mucho pero por regla general he recibido como ciento cincuenta pesetas o más al dólar. Prefiero cambiar en una Caja de Ahorros porque sé que no me van a engañar. Sin embargo, hay una diferencia entre banco y banco y entre ciudades también. Además, siempre me cobran una comisión que reduce el número de pesetas que recibo. Sería posible cambiar también en los hoteles o en las tiendas de turismo pero no me gusta hacerlo porque cobran más comisión. He quedado muy satisfecha con los cheques de viajero que traje para cubrir los gastos del semestre. Es un poco más caro pero es mucho más fácil que tener una cuenta corriente en un banco aquí aunque eso es posible. Pudiera usar el mismo banco que utiliza mi Instituto. Nancy me dijo que hizo un depósito y podía cobrar de inmediato. Creo que María lo hizo también.

Me ha sido muy útil la calculadora pequeña especialmente hasta que me acostumbré un poquito. Para mí, era mucho más fácil apretar un par de botones que tratar de hacer cálculos en la cabeza. Después de un rato me iba ajustando a los precios y sabía que si me cobraban cien pesetas por una cerveza, eran demasiadas. Y que cinco mil no representa una fortuna sino treinta dólares y pico.

Capítulo X

Vocabulario

Sustantivos

camiseta-T-shirt
capricho-whim,
 impulse purchase
estorbo-obstacle
molestia-bother
novedad-fashion
peinado-hairdo
peluquería-hair
 dresser's shop
piel-skin, fur
presupuesto-budget
promedio-average
pulgada-inch
secadora-hairdryer
sorpresa-surprise
tacón-heel
tijera-scissors

Verbos

buscar-to look for
caer-to fall
coger-to catch, take
dejar-to leave, let
desarrollar-to develop
deshacerse-to get rid of
despertarse-to wake up
estrenar-to debut
explicar-to explain
meterse-to get into
padecer-to suffer
quejarse-to complain
sentirse-to feel
significar-to mean
tragar-to swallow

Otras palabras y expresiones

arreglárselas-to make do,
 manage
a veces-at times
dar de comer-to feed
de noche-by night, at night
echar piropos-to flirt
en cambio-on the other hand
en fin-in short
en todas partes-everywhere
estar para-to be about to
hacer gracia-to please, make
 laugh
hacer juego-to match
por regla general-as a
 (general) rule
tener que ver-to have to do
tener sed-to be thirsty
y así sucesivamente-and so on

Capítulo X

Práctica de vocabulario

Complete las frases siguientes empleando palabras apropiadas de las listas anteriores.

1. Cuando Sara se __________ el sábado por la mañana, Lola y Josefina le dijeron que le tenían una __________.

2. Le __________ que su modo de vestirse era un __________ a su integración en la sociedad sevillana.

3. Sara se __________ porque para ella fue una __________ levantarse temprano e ir para el centro.

4. Además, no tenía muchos fondos en su __________ para poder comprarse __________.

5. Ella estaba acostumbrada a llevar __________ y no las últimas __________.

6. Pero las españolas no la __________ en paz así que ella __________ y se levantó.

7. Sara quería __________ su relación con Lola y Josefina porque la norteamericana __________ tiene gran dificultad en trabar amistad con las españolas.

8. Así que en vez de __________ de la soledad, prefería __________ se del todo en este nuevo juego.

9. Entraron en la __________ y pronto Sara escuchó el cric-crac de la __________.

10. Poco después se __________ confusa bajo la __________.

11. De súbito, Sara estaba __________ un nuevo __________.

12. Lola y Josefina __________ maquillaje para darle a Sara un cambio de __________.

13. Luego notó que los zapatos tenían __________ de cuatro __________.

14. Sara empezó a __________ se, pero las españolas la __________.

15. ¿Qué __________ esto? Sara quería __________ se de todo pero se animó y caminó con gracia por la calle.

Capítulo X

Práctica de modismos

Traduzca las frases siguientes al español.

1. Whenever I´m thirsty, I like to stop at a cafe for a drink.

2. At times I´ll have a beer but usually I have a soft drink.

3. There are cafes every where in Seville.

4. At night the people sit in them for hours.

5. Lots of families seem to manage without going home at all.

6. In short, the cafe is the center of social life for the sevillanos.

7. On the other hand, as midnight approaches, the young people head for the discotheques.

8. As a general rule, they dance from 11:00-3:00.

9. They dance for a while, return to the table for a drink or a cigarette, dance some more, and so on.

10. The last time I went, I wore my new earrings that match the blouse I bought in Portugal.

11. The guys on the street always flirt with me when I wear it.

12. It makes me laugh to hear the crazy things they say.

13. Yesterday I was about to slap a guy though.

14. He told me my legs were too skinny so I asked him, "What´s that have to do with you?"

15. He said my mother should feed me more. Who ever heard of such a thing!

Capítulo X

¿HAS COMPRENDIDO?

1. ¿Por qué llevaron de compras a Sara Lola y Josefina?

2. ¿Qué significa "cursi"?

3. ¿Cómo hacen las españolas para parecer más atractivas?

4. ¿Quién eligió la ropa que Sara compró?

5. ¿Cómo eran los zapatos que seleccionaron?

6. ¿Cuál fue la sorpresa más grande?

7. ¿Cómo se sentía Sara después de su transformación?

8. ¿Qué le pasó a Sara?

9. ¿Por qué tiene conflictos con María Cristina?

10. ¿Qué piensa María Cristina sobre las posibles causas de la enfermedad?

11. ¿Qué es el Eurailpass? ¿Dónde se compra?

12. ¿Por qué fueron las tres amigas a Portugal?

13. ¿Qué dificultad tuvieron durante el viaje?

14. ¿Por qué no tenían que hablar portugués en Portugal?

15. ¿Cómo son las playas en el Algarve?

16. ¿Por qué le gusta a Sara viajar?

17. ¿Por qué necesita Sara pedir más dinero?

18. ¿Cuánto gasta Sara como un promedio semanal?

19. ¿Cómo es el dinero en España?

20. ¿Dónde puede uno cambiar cheques de viajero?

Capítulo XI

Querido diario, 22 de marzo

Hoy fue un día triste para mí. María me dijo que anoche cuando ella regresaba a casa dos chicos montados en moto se acercaron a ella y le quitaron la bolsa de un tirón. Ella trató de retenerla pero tuvo que soltarla porque de otra forma la habrían arrastrado a la calle. Afortunadamente, tenía su pasaporte en casa pero perdió mucho--su tarjeta de identidad, varios miles de pesetas, sus llaves y unos cuantos efectos personales.

En el Instituto, nos habían informado sobre el problema de la delincuencia, pero claro, siempre pensamos que eso es lo que les pasa a los demás, no a nosotras. Natural, María estaba muy trastornada al llegar a clase hoy. Nancy y yo tratamos de calmarla pero sin mucho éxito. Nancy nos explicó que ella había perdido la bolsa una vez en una discoteca. Dejó la bolsa en la mesa al ir a bailar y al volver había desaparecido. Protestó al encargado pero él no podía hacerle nada.

Estas historias me pusieron de muy mal humor y al llegar a casa para la comida empecé a comentar mi desilusión con Lola, Josefina, y María Cristina. Ellas me dijeron que sí, que la delincuencia es un problema grave en Sevilla. Dicen que muchos la atribuyen al desempleo que ha alcanzado el 60 por ciento en Andalucía. Otros dicen que es la liberalidad del gobierno socialista.[1] María Cristina cree que se debe al aumento de drogadictos. Dice que la gente joven está muy entusiasmada por las drogas y puesto que las drogas cuestan un dineral, roban para mantener el vicio. Lola me dijo que incluso las farmacias ponen letreros que dicen "No hay drogas" para evitar atracos. Además muchas farmacias mantienen las puertas cerradas con llave y sólo las abren si reconocen al cliente.

María Cristina me dijo que otro truco que emplean los delincuentes es romper las ventanillas de los coches mientras

1. gobierno socialista: una referencia al gobierno actual (1988) encabezado por el primer ministro Felipe González del PSOE (Partido Socialista Obrero Español).

están parados por un semáforo. Yo he visto dos o tres coches estacionados con la ventanilla rota pero no entendía por qué. Ahora sí. María Cristina me dijo que es muy peligroso porque no sólo puede hacerle daño a uno el vidrio sino que también a veces el ladrillo o la piedra entra con gran fuerza y velocidad. Por eso, las mujeres listas no llevan la bolsa a plena vista cuando viajan en coche.

Supongo que yo tenía un concepto demasiado idealizado de España. Me encantan esta ciudad, este país, la gente y por eso no quería creer que aquí pasaran cosas malas. He visto a los pobres, la contaminación y el problema de la circulación pero no tenía los ojos abiertos a la delincuencia. Ahora sí. Es triste pero no voy a cambiar mi perspectiva del todo. Sólo que voy a ser más vigilante en mi defensa propia.

Querido diario, 23 de marzo

¡Qué bien lo pasé esta noche! Fui a la discoteca con Roberto. Cuando vino para recogerme, no subió--nos encontramos a la puerta principal. No estoy segura si María Cristina está a favor de mis relaciones con Roberto. De todos modos, quería evitar disgustos. Roberto quería gastarme una broma, creo, porque la primera discoteca a la que me llevó era muy extraña. Casi todos los clientes eran hombres vestidos de mujer. Al principio no lo noté pero luego vi que todos (¿todas?) llevaban ropa y maquillaje muy exagerados. Algunas eran muy guapas a mi parecer. Tomamos una cerveza y las miramos nada más--no bailamos nosotros. Roberto me dijo que una noche cada semana tienen espectáculos aquí--que los travestis (así les llaman a estos tíos) presentan "shows" para sus compañeros.

Yo le pregunté sobre la homosexualidad en España. Le dije que siempre había creído que España era un país muy machista[2] y por eso que habría pocos si algunos homosexuales aquí. Pero Roberto me explicó que en los años recientes, los valores de la gente han estado evolucionando con gran rapidez. Es verdad que la gente de cierta edad, especialmente en los pueblos de provincia, todavía rechaza todo desvío de la norma. Sin embargo, los jóvenes tienen la actitud de "cada cual con lo suyo". Así los gais y los travestis se sienten libres a expresarse abiertamente.

Salimos y fuimos a otra discoteca--donde nos habíamos conocido. Bailamos por un rato--yo incluso me animé a ensayar una sevillana. Roberto me dijo que lo hice bastante bien pero a

2. machista: una referencia a la estructura social dominada por los hombres.

lo mejor lo dijo para halagarme, nada más. Después de cansarnos, volvimos a la mesa y tomamos una cerveza. La gente no toma mucho en las discotecas. En primer lugar las bebidas son muy caras, así que lo normal es pedir una bebida y tomarla a sorbitos toda la noche. Además, los jóvenes aquí no tienen el afán de emborracharse que tienen muchos de mis compañeros en EEUU. Roberto me dijo que aquí se considera de muy mala forma emborracharse; que perder el control o hacer el ridículo es un fallo social tremendo. Yo le dije que evidentemente se suspende esta regla durante Carnaval y me dijo que sí, que entonces no hay ninguna regla--pero eso no es "normal".

Empezamos a hablar de las relaciones entre hombre y mujer en España. Roberto me preguntó si tenía novio en EEUU. Yo le dije que sí, que tengo una relación bastante seria con Rickey. El me dijo que ahora las cosas son diferentes en España. Antes todo el mundo tenía una novia formal durante muchos años hasta que el hombre se encontraba en una situación económica adecuada. Ahora, debido en parte a la revolución sexual y en parte a la inestabilidad económica de España, los jóvenes no están dispuestos a esperar años y años antes de establecer una relación seria.

Yo le dije que esto me parecía bien pero que no había llegado a acostumbrarme a la agresividad de los donjuanes[3] sevillanos. Le dije que me dicen piropos cada vez que camino por la calle. Algunas veces son cosas bastante feas. Aunque no entiendo en el momento, siempre le pregunto el significado a mi profesor de gramática quien me lo explica por fuerte que sea.

Además, le dije a Roberto, los jóvenes se acercan a mí en cualquier parte--en la calle, en los bancos, en el parque--y me piden la dirección y el número de teléfono. ¡Qué barbaridad! No, insistió Roberto, eso es normal aquí. Y, me dijo, tendré que acostumbrarme porque esta práctica casi siempre tiene éxito y por eso sería difícil cambiar el proceder de los muchachos. Sé que tiene razón porque mis compañeras de clase han conocido a muchos españoles precisamente de esta manera casual.

Le pregunté por qué no salen los españoles con chicas de aquí. Me dijo que claro, la mayoría así lo hace pero que algunos encuentran más "interesantes" a las norteamericanas. No será por lo que sabemos ni por nuestra capacidad de conversar, digo yo.

3. donjuanes: una referencia al amante (ficticioso) más famoso de España - Don Juan Tenorio quien usaba Sevilla como su base de operaciones (Véase <u>Don Juan Tenorio</u> por José Zorrilla).

Luego le referí lo que me había dicho Nancy, que el joven español cree que tiene que ser agresivo en su persecución de la mujer. Ella me dijo que hay que tener mucho cuidado de no meterte en una situación de intimidad con un muchacho porque él creerá que tiene la responsabilidad--si no el deber--de iniciar actividades sexuales. Si no lo hace, teme que la muchacha, sus amigos, e incluso él mismo pierdan confianza en su masculinidad, su machismo. Le han enseñado que la mujer va a tratar de defenderse pero que no podrá resistir la fuerza de su proeza sexual.

¡Qué va! me repuso Roberto. Sí, ésas son creencias tradicionales que algunas personas llevarán todavía pero no los jóvenes modernos--"los progres".[4]

Luego yo le dije que Nancy mantiene que todos los españoles nos consideran "suecas",[5] especialmente las rubias, y por la actuación de algunas, han hecho la generalización de que todas nosotras somos volcanes de la pasión. "¿Y no es cierto?" me preguntó. ¡Vaya pregunta!

Yo le pregunté por qué los jóvenes aquí se entusiasman tanto por el beso en público. Claro, esto no es completamente nuevo para mí. En EEUU hay parejas que se besan en la calle, en los corredores e incluso en las clases. Pero aquí--no sé por qué--me choca más. He visto a parejas besándose, abrazándose y más y no parecen tener ninguna conciencia de la demás gente. Supongo que allí va la diferencia--en EEUU siempre tuve la impresión de que el beso en público era más para impresionar a los demás que para expresar el amor.

Pues Roberto me dijo que aquí hay dos factores que influyen en el tema. Según él, para la joven pareja española, la otra gente verdaderamente no existe--son sólo ellos y su deseo de unirse físicamente. Esta actitud refleja el famoso individualismo español. Por otra parte, me dijo, los jóvenes raras veces tienen casa propia ni tampoco coche así que el parque viene a ser el único sitio--además de la discoteca--adonde pueden ir para desenvolverse amorosamente.

Yo le dije que, según Nancy, los españoles también tienen

4. progres: voz coloquial que se refiere a los que tienen un punto de vista moderno; son lo contrario de carrozas o gente anticuada.
5. suecas: literalmente, mujer de Suecia, pero la palabra ahora se refiere a cualquier rubia extranjera, por lo general de costumbres liberales.

fama de "besar y hablar"--o sea, que les gusta referir todas las conquistas a los amigos para así aumentar su prestigio social. Otra vez Roberto me dijo que esta fue la práctica de los viejos, pero que los chicos de hoy día no se divierten con tales tonterías. No sé. Roberto parece ser muy sincero en lo que dice pero Nancy es una chica sumamente lista también y le tengo muchísima confianza. Poco a poco entiendo lo difícil que es llegar a entender otra cultura con profundidad.

Salimos de la discoteca. Era una noche estupenda. No se oscurece aquí hasta las diez pero ya eran las dos de la madrugada. Brillaban las estrellas y había luna también. Roberto quería caminar a casa y yo, aunque muy cansada, le dije que sí. Al cruzar por el puente vimos las luces que se reflejaban en la superficie del río. Vimos las luces de la Torre del Oro y al mirar para atrás vimos la catedral también encendida. Todo era hermoso--tuve la sensación de la llegada de la primavera aunque todavía hacía fresco. Llegamos a la casa. Roberto quiso besarme al despedirnos. Yo le dije que entráramos en la entrada para no escandalizar a los vecinos--ya sabía que María Cristina estaba muy entonada con "el qué dirán".[6] Nos besamos y nos despedimos prometiendonos vernos pronto.

Subí a mi cuarto pero no pude dormirme. Lola ya estaba dormida así que me metí en el baño para apuntar mis pensamientos. Lo siento Rickey. No puedo resistir...

6. el qué dirán: muchas familias españolas todavía se preocupan de su reputación y se ponen nerviosas cuando cualquier miembro de la familia hace algo que pueda hacer chismear a los vecinos.

Capítulo XI

Vocabulario

Sustantivos

afán-desire, urge
atraco-hold up
aumento-increase
beso-kiss
deber-duty
delincuencia-crime
encargado-person in charge
fallo-mistake
llave-key
machismo-attitude of male superiority
maquillaje-make-up
rato-while
tirón-purse-snatching
vicio-bad habit
vidrio-glass

Verbos

alcanzar-to reach, attain
arrastrar-to drag
brillar-to shine
caminar-to walk, travel
cansar-to tire, bore
cruzar-to cross
ensayar-to practice,try out
halagar-to flatter
oscurecer-to get dark
perder-to lose, miss
rechazar-to reject
romper-to break
soltar-to loosen, let go
temer-to fear

Otras palabras y expresiones

al principio-in the beginning
a mi parecer-in my opinion
de esta manera-in this way
el qué dirán-what people will say
en cualquier parte-anywhere
gastar bromas-to play jokes
hacer daño-to hurt
hacer el ridículo-to look foolish
hay que-it is necessary to
reponer-to reply
pasarlo bien-to have a good time
por otra parte-on the other hand
tener éxito-to be successful
tomar a sorbitos-to sip
¡vaya!-what a!
venir a ser-to amount to

Capítulo XI

Práctica de vocabulario

Complete las frases siguientes empleando palabras apropriadas de las listas anteriores.

1. Desgraciadamente, la __________ de toda clase está en __________ en estos días.

2. Incluso mientras __________ el sol, hay __________ de bancos en el centro mismo de la ciudad.

3. Ya todo el mundo parece ser impaciente para __________ su __________.

4. Por ejemplo, hace un __________ Sara estaba __________ una calle.

5. Mientras ella __________ un señor intentó darle un __________.

6. "¡__________ me!", gritó Sara, "o llamo al __________".

7. "¡Vete a __________ tus __________ con otra!"

8. Al ver que Sara lo __________, el hombre reconoció su __________.

9. "Te __________", le dijo Sara, quien no lo __________ en nada.

10. El hombre __________, "No, señorita. Es mi __________ compartir mi amor con las mujeres."

11. "No me __________ con tu __________", le dijo Sara.

12. Estaba __________ así que Sara arregló su __________ y se dirigió para casa.

13. De pronto sintió un __________; por poco la __________ por la calle.

14. Poco después, una piedra lanzada de alguna parte __________ un __________ cerca de ella.

15. Corrió a su casa y buscó la __________ ¿Dónde estaba? ¡La había __________!

Capítulo XI

Práctica de modismos

Traduzca las frases siguientes al español.

1. In my opinion, the best way to have friends is to be funny.

2. In the beginning of any relationship it's easier to be funny than to be serious.

3. After all, everyone wants to have a good time.

4. So, to be successful, you should learn to tell jokes.

5. But it's necessary to tell jokes in good taste.

6. In this way you will always be prepared for any social context.

7. You can tell your jokes anywhere.

8. On the other hand, some jokes can be dangerous.

9. If you play jokes on people, you could make enemies.

10. Remember that no one likes to look foolish.

11. You never know when you might hurt someone.

12. Some people really worry about what people will say about them.

13. In short it all amounts to common sense.

14. So, let's go sip a daiquiri!

15. What a way to end!

Capítulo XI

¿HAS COMPRENDIDO?

1. ¿Qué le pasó a María?

2. ¿Qué cosas perdió?

3. ¿Dónde perdió la bolsa Nancy? ¿Por qué?

4. ¿Cómo explican los sevillanos la delincuencia?

5. ¿Qué problemas hay como resultado de la adicción a drogas?

6. ¿Qué hacen los delincuentes para robar bolsas de los coches?

7. ¿Qué cambio de actitud experimentó Sara?

8. ¿Por qué no subió Roberto cuando pasó por Sara?

9. ¿Qué cambios ha habido en España con respecto a la homosexualidad?

10. ¿Cómo resultó el primer intento de Sara de bailar la sevillana?

11. ¿Por qué no toma mucho la gente en las discotecas?

12. ¿Por qué no se emborrachan los jóvenes españoles?

13. ¿Cómo han cambiado las relaciones de novios en España?

14. ¿Por qué no le gustan a Sara los piropos?

15. ¿Por qué piensa Sara que los jóvenes son muy agresivos?

16. ¿Qué suerte tienen los jóvenes con su plan de conocer a chicas norteamericanas?

17. ¿Qué ha dicho Nancy sobre las actitudes de los jóvenes españoles con respecto a las relaciones íntimas.

18. ¿Cómo reacciona Roberto a este análisis?

19. ¿Qué significa la palabra "sueca"?

20. ¿Por qué le ha chocado a Sara el beso en público en España?

21. ¿Cómo explica este fenómeno Roberto?

22. ¿Por qué no está de acuerdo Roberto con Sara en cuanto al tema de "besar y hablar"?

23. ¿Cómo volvieron a casa Roberto y Sara?

24. ¿Qué cosas veían mientras regresaban?

25. ¿Por qué no quiso Sara besarle a Roberto en la calle?

Capítulo XII

Querido diario, 25 de marzo

Este fin de semana el Instituto nos llevó de excursión. Fuimos primero a Granada y luego a Málaga. Aunque toda Andalucía refleja la cultura musulmana hasta cierto punto, en mi mente Granada se destaca como símbolo de lo árabe en España.

Tuvimos con nosotros un profesor del programa quien nos sirvió de guía. Primero fuimos a la catedral para ver la Capilla Real donde están enterrados los Reyes Católicos.[7] El profesor nos explicó que Fernando e Isabel deseaban pasar la eternidad aquí pero su nieto, Carlos V, consideraba la Capilla muy pequeña y por eso mandó construir una gran catedral. Es impresionante por sus maderas talladas, sus pinturas y sus vidrieras de colores pero después de ver la Alhambra[8] me olvidé de ella en seguida.

¿Qué puedo decir de este palacio maravilloso? Nada que valga, por cierto. Los patios con fuentes y estanques, los techos esculpidos, las puertas talladas, las paredes pintadas es un sueño, de veras. Pasé tanto tiempo sacando fotos que no sé si vi lo que debía o no. Me perdí por un rato y por eso no llegué a oír todas las explicaciones del profesor. Sin embargo dejé que mi imaginación me llevara a aquellos tiempos antiguos cuando todo funcionaba como el paraíso terrenal que evidentemente era para los reyes moros durante más de seis siglos.

Pasamos luego al Generalife que era el palacio de veraneo de los árabes. ¡Qué de jardines! ¡Qué de fuentes! Aquí uno no necesita ninguna imaginación para entender cómo lo pasaban aquellos jefes de los moros. La frescura y la belleza del sitio son realmente impresionantes. Yo comprendo muy bien por qué se

7. Reyes Católicos: Fernando de Aragón (1479-1516) e Isabel de Castilla (1474-1504)fueron otorgados el título de "Reyes Católicos" por el Papa español, Alejandro VI, por sus esfuerzos de proteger y extender la fe.
8. Alhambra: el palacio moro más famoso en España (el nombre significa "techo rojo").

sintió tan triste Boabdil[9] al tener que dejar todo esto atrás. ¡Qué pena! Como dice el refrán, "Dale limosna mujer, que no hay en la vida nada como la pena de ser ciego en Granada."

Después de ver todo esto, yo tenía un hambre canina--con suerte era la hora de comer. Roberto me había recomendado un restaurante que se encuentra en la Alcaicería, el antiguo barrio moro de la ciudad. Sin embargo, después de ver los precios, decidí ir con el grupo para comer en otro donde la comida, si no tan elegante, es mucho más barata. Después de comer paseamos un ratito por la ciudad y luego el director nos preguntó si queríamos ver un baile flamenco. Nos explicó que en una colina que se llama el Sacromonte hay muchas cuevas donde viven los gitanos. Ellos, para ganarse el pan, bailan y cantan para los turistas y luego tratan de venderles una serie de cosas.

La verdad es que me gusta el flamenco pero tenía cierto miedo de los gitanos. Cuando llegué a España sólo tenía una idea muy vaga de ellos--casi no sabía nada ni de sus orígenes ni de sus costumbres. Pues aquí todos los españoles les tienen prejuicio--son los más marginados de la sociedad española, diría yo. Y aunque han hecho el esfuerzo de integrarse en la cultura nacional, la mayoría, según parece, prefiere mantener su identidad étnica, rechazando el matrimonio con los payos.[10] De todos modos, todos aquí te dicen que tengas mucho cuidado con los gitanos que si no, o te van a robar o por lo menos engañar. Pues a mí no me han hecho nada aunque me molesta bastante que utilicen a los hijos chiquititos para persuadir a la gente que les dé limosna.

Parecía que los más estudiantes querían ver cómo era aquello así que subimos el monte. No habíamos caminado mucho cuando varios niños salieron a nuestro encuentro y nos imploraron que visitáramos la cueva suya. No obstante su insistencia, el director tenía su cueva predilecta y por eso nos dirigimos allá. Nos metimos y vimos que era más o menos como una casa con fotos y adornos en las paredes, etc. Había un grupo de personas, a lo mejor todas de la misma familia, que se preparaban para entretenernos. Eran dos guitarristas, un señor viejo que hizo las palmas y cantó (el cantaor) y varias mujeres que bailaron. Las jóvenes eran muy bonitas con pelo y ojos negros como la noche pero las señoras mayores ya habían perdido la línea. A mí me gusta el flamenco cuando se hace bien pero aquella tarde lo que vi y escuché fue un desastre. Algunas

9. Boabdil: el último rey musulmán de Granada, derrotado por Fernando e Isabel en 1492.
10. payo: lo que los gitanos llaman a los que no son gitanos.

personas me han dicho que el flamenco gitano es el más puro y que en los tablaos en las ciudades se ha adulterado hasta ser otra cosa. Pues, yo no sé; a mí me gusta más la versión más refinada que he visto en EEUU. Pero, cada cual con lo suyo. Durante la representación los niños--muchos de ellos--se colaban entre el grupo de estudiantes, algunos con la mano abierta y otros con los ojos tristes que mendigaban por sí solos. Yo estaba tan nerviosa que guardaba mi bolsa apretada al pecho con dos manos. Al salir, el director le pagó algo al jefe del grupo--mucho menos de lo que éste pedía (esto lo saqué de la fuerte discusión que tuvieron) y luego nos dijo que podíamos dar unas pesetas a los niños si queríamos. Así que yo le di a una niñita muy mona un par de duros. No me dio las gracias--se escapó de inmediato. Pues, así es la vida.

Tomamos luego el autobús para Málaga, una ciudad que se encuentra en la costa del sur. Llegamos al hotel de noche de modo que después de cenar, fuimos a las habitaciones para dormir.

Málaga es un puerto importante, pero también es el centro del turismo español debido a su clima favorable . Los turistas llegan allí de todas partes aunque muchos se alojan en otras playas a lo largo de la Costa del Sol. Nosotros fuimos primero a la catedral--de estilo renacentista pero nunca terminada. Tiene un maravilloso coro de madera tallada. Es exquisito y pasé mucho tiempo viendo los detalles. Luego caminamos por la Calle Larios para mirar los escaparates de las tiendas y de vez en cuando entramos para comprarnos un capricho.

Málaga tiene muchos parques y pasando por ellos llegas a la Alcazaba árabe que tiene unos jardines preciosos. Luego subimos al Castillo del Gibralfaro para tener una vista impresionante de la ciudad y el puerto. Para comer, bajamos a la playa y tomamos pescado y sopa malagueña en un restaurante de pescadores. Fue una comida sabrosísima.

Después tomamos el autobús a Torremolinos donde nos paseamos por el centro y por la playa. No me gustó nada porque el pueblo es puro extranjero. Ves a mujeres en bikini paseándose por las calles principales. A mí se me parecía mucho a una playa en la Florida. Me gustó más Fuengirola aunque hay allí también demasiados hoteles y urbanizaciones en la playa. Yo me imagino que cuando estos pueblos todavía estaban "sin descubrir" eran muy bonitos. ¡Vaya progreso!

Con la excepción del estrecho de Gibraltar, esta fue la primera vez que había visto el famoso Mediterráneo. Es muy bonito como dicen todos--azul, muy muy azul. Pero no me gustó tanto la arena. Es de un color oscuro y es gruesa. Sí me gustó mirar a los pescadores con sus redes de copo que tiran y tiran durante horas desde la playa. Luego venden el pescado allí mismo en la playa en un tipo de subasta. Fue muy interesante verlo aunque no me gustaron los pulpos grandes que había entre los peces.

Nancy, María y yo decidimos no volver a Sevilla con el grupo sino ir a Ronda para hacer una visita. Roberto me había dicho que es una ciudad preciosa así que tomamos el autobús y llegamos por la tarde. El viaje fue fantástico porque podíamos ver las montañas grandes que eran absolutamente hermosas.

En el centro del pueblo hay un tajo muy profundo--no tan grande como el cañón en Arizona pero sí impresionante. Cerca del tajo había un grupo de niños. Cuando se dieron cuenta de que éramos norteamericanas se acercaron a nosotras y nos preguntaron sobre los EEUU. Nos rodearon a cada una de nosotras para hacernos preguntas. Me preguntaron cómo pronunciar varias palabras inglesas que les habían enseñado en la escuela. Escucharon con toda atención y luego yo les pregunté sobre su escuela y todos respondieron a la vez. Yo me reí porque no entendí nada tanto por su acento como por la confusión de voces. Había un niño que hablaba inglés muy bien. Recitó unas cuantas líneas de Shakespeare, me parece que eran versos de Hamlet.

Luego fuimos a un hostal para cenar y para pasar la noche. Al día siguiente, visitamos los baños árabes construidos en el siglo XIII. Había por entonces un palacio árabe cerca de Ronda y todavía hay gente que vive, aunque de manera primitiva, en las ruinas cerca de los baños. Luego volvimos al tajo y vimos que hay gente allí viviendo en cuevas también. Antes de volver a Sevilla merendamos en nuestra habitación en el hostal. Tomamos salchichas, cerveza, vino blanco, pan, queso, flan, mermelada y galletas. ¡Qué rico!

Querido diario, 4 de abril

Ya estamos en Semana Santa. ¡Qué maravilla! Toda Sevilla se detiene para participar en las celebraciones que son tan famosas que viene gente de todas partes de España y de muchos otros países también para ver el espectáculo. El aire está lleno del olor a azahar y a incienso. Se puede sentir la emoción de la gente por todas partes.

El elemento central de la fiesta son las procesiones que consisten en dos partes: el desfile de las cofradías y los pasos de la Virgen y de Jesucristo. Cuando yo vi a los penitentes por primera vez, estaba en la plaza delante de El Cortes Inglés. De repente vi un grupo de individuos llevando sotanas y gorras puntiagudas[10] que les cubrían toda la cara. Creí que el Ku Klux Klan había llegado a España por una razón indeterminable. Pero no, no fue así. Le pregunté a Roberto de qué se trataba y me dijo que eran los penitentes que andaban descalzos por las calles para mostrar su deseo de compartir el dolor de Jesucristo durante su agonía. Las cofradías llevan túnicas de distintos colores para diferenciarse. Por la noche llevan velas muy grandes para iluminar el camino.

Me impresionó mucho ver los pasos. María Cristina me explicó que los costaleros--los hombres que llevan las estatuas por las calles--tienen que entrenarse para poder soportar el gran peso durante muchas horas. Para hacerlo llevan costales de arena por las calles sobre los hombros--de allí viene su nombre--"costaleros". A pesar de todo, los pasos pesan tanto que se requiere a cuarenta o cincuenta hombres para llevar cada uno--y además tienen que descansar con frecuencia. Lo más difícil es la entrada y la salida de la iglesia donde se guarda la estatua porque las puertas son pequeñas y los costaleros tienen que adelantarse con precisión y lentitud.

Los pasos son plataformas con figuras esculpidas de la Virgen o de Jesucristo. Tienen adornos de muchos colores, muchas joyas y mucho oro. Las Vírgenes más famosas son la Macarena y la Triana. La gente tiene una clase de competencia disputando cuál de las dos es la más guapa. En efecto me sorprendió mucho escuchar a los hombres echando piropos a las Vírgenes. ¡Me sonaba algo raro oír decir "Hola, guapa" a la Madre de Dios! Es otra evidencia de la relación sumamente personal que muchos españoles parecen tener con los santos. A mí me gustaron más los Cristos, especialmente el Jesús del Gran Poder. Eran impresionantes y yo también participaba de la agonía de la cruz--hasta cierto punto.

Cuando las procesiones pasan por las calles, son acompañadas de bandas que tocan una música que a mí me parece fúnebre. En efecto, el ambiente es por lo general muy serio durante todo esto. Otro elemento interesante son las saetas--un tipo de poesía cantada que a mí me parece muy semejante al cante flamenco. Deben de tener raíces similares. La poesía--a veces improvisada--es un elogio al paso que se encuentra por allí. No entendí mucho pero gracias a Dios, Roberto y María Cristina me explicaron todo.

10. capirotes: las gorras altas y puntiagudas que cubren la cabeza entera; hay huecos para los ojos y la nariz.

La única cosa que no me gustaba fue lo que yo consideraba la descortesía de la gente. Las calles estaban completamente atestadas de gente así que era casi imposible moverse. A pesar de eso, si los españoles querían cambiarse de posición, me daban un empujón y no tenía más remedio que quitarme de en medio. Comenté este fenómeno con Roberto pero él no le dio mucha importancia. Según él, esto de empujar es normal--que aquí nadie se enfada si le empujan. A pesar de todo me parece una cosa maleducada. No he podido acostumbrarme.

Capítulo XII

Vocabulario

Sustantivos

belleza-beauty
bolsa-handbag
colina-hill
cueva-cave
escaparate-store-window
fuente-fountain
gitano-gypsy
guía-guide
madera-wood
marginado-outcast
nieto-grandson
pared-wall
pecho-chest,breast
siglo-century
techo-roof,ceiling

Verbos

colarse-to cut into line, sneak through
destacarse-to stand out
dirigirse-to head for
enfadarse-to become angry
enterrar-to bury
entrenarse-to train
esculpir-to sculpt
mandar-to order, send
mendigar-to beg
pesar-to weigh
rodear-to surround
sonar-to sound
soportar-to support
tallar-to carve
tirar-to throw, shoot

Otras palabras y expresiones

allí mismo-right there
a lo largo-along
dar las gracias-to thank
de repente-suddenly
no obstante-nevertheless
no tener más remedio-not to be able to help it
por entonces-around that time
por lo general-in general
predilecto-favorite
¡qué pena!-what a pity!
quitarse de en medio-to get out of the way
sacar fotos-to take pictures
según parece-so it seems
tener hambre-to be hungry
tener miedo-to be afraid

Capítulo XII

Práctica de vocabulario

Complete las frases siguientes empleando palabras apropiadas de las listas anteriores.

1. La cuidad de Granada se __________ por su gran __________.

2. Está __________ de hermosas __________.

3. El agua de las __________ __________ día y noche.

4. Los Reyes Católicos están __________ allí desde hace __________.

5. Grandes artistas han __________ las __________ de la catedral.

6. Los __________ están __________ de una manera exquisita.

7. Al llegar a la ciudad, Sara se __________ al primer __________.

8. Mientras miraba los productos a la venta, un __________ ofreció servirle de __________.

9. Los gitanos están algo __________ en España y muchos tienen que __________.

10. De repente, un niño se __________ por la muchedumbre y __________ una piedra a un pájaro.

11. El gitano __________ que el niño (su __________) llevara a Sara a la casa de la familia.

12. Vivían en una __________ donde se __________ para entretener al público.

13. El cielo evidentemente __________ mucho porque tenían varios troncos para __________ lo.

14. En las __________ había fotos de grupos de gitanos __________.

15. Sara con ansiedad guardó su __________ cerca del __________.

Capítulo XII

Práctica de modismos

Traduzca las frases siguientes al español.

1. That's my favorite place over there.
2. Where? - Right there where I'm pointing.
3. It has changed a lot since we lived here so it seems.
4. Around that time, we'd go for a walk here every day.
5. We used to stroll along the riverbank.
6. I used to like to take pictures.
7. Suddenly, one afternoon, I saw something strange through the camera.
8. In general, I didn't pay much attention to what other people were doing.
9. But in this case, I couldn't help it.
10. I really was quite afraid of what might happen.
11. Nevertheless, I was too curious to leave.
12. As I watched a man stepped in front of me so I asked him to get out of the way.
13. He did very quickly so I thanked him.
14. Unfortunately, the scene I had been observing was now lost. What a pity!
15. Well, I was hungry anyway so I went to buy a hot dog.

Capítulo XII

¿<u>HAS COMPRENDIDO</u>?

1. ¿Qué carácter tiene la ciudad de Granada?

2. ¿Cuáles son los aspectos de interés de la catedral?

3. ¿Cómo es la Alhambra?

4. ¿Qué era el Generalife?

5. ¿Adónde fueron los estudiantes para ver el baile flamenco?

6. ¿Cuál es la actitud española hacia los gitanos?

7. ¿Cómo son las cuevas de los gitanos?

8. ¿Cómo era el flamenco que vio Sara?

9. ¿Cómo es Málaga?

10. ¿Cómo es la catedral de Málaga?

11. ¿Cómo es Torremolinos?

12. ¿Cómo reaccionó Sara ante el Mediterráneo?

13. ¿Qué tiene de interés Ronda?

14. ¿Cuándo tiene lugar la Semana Santa?

15. ¿Cómo es Semana Santa en Sevilla?

16. ¿Cuáles son los elementos principales?

17. ¿Qué le sorprendió a Sara?

18. ¿Qué son los pasos?

19. ¿Por qué llaman a los que llevan los pasos "costaleros"?

20. ¿Cuáles son las Vírgenes más famosas?

21. ¿Cómo es la música durante los desfiles?

22. ¿Qué son saetas?

23. ¿Qué reacción negativa tuvo Sara durante la Semana Santa?

Capítulo XIII

Querido diario, 20 de abril

¡Qué semana he pasado yo! Poco después de terminar las actividades de Semana Santa, comenzó La Feria que tiene también fama internacional. Pero si la Semana Santa es del todo una ocasión solemne, la Feria es todo lo contrario. Son varios días de fiesta continua--como en el Carnaval de Cádiz, durante la Feria la gente parece no dormir. Yo no sé cómo lo aguantan. Yo me acostaba todos los días por la mañana y no me levantaba hasta las cinco o las seis de la tarde. No había más remedio.

La Feria tiene lugar en un sitio especial de la ciudad. Ponen bombillas multicolores por todas partes y a la entrada hay un arco simbólico que cada año representa algún aspecto de la vida en Sevilla. Este año representó la Plaza de España, uno de mis sitios favoritos en el Parque de María Luisa. Por todas las calles de la Feria, se construyen casetas con paredes de madera y techo de lona. Hay casetas públicas pero la gran mayoría son particulares--de individuos, familias o empresas. Para entrar en una caseta particular, hay que tener entradas lo cual significa que tienes que conocer a alguien que te las dé. Pero no hay problema. Yo pude visitar la caseta de María Cristina y también la de Roberto.

En las casetas la gente come (poco) y bebe (mucho), generalmente fino, el vino aperitivo de Andalucía. Hay música constante y la gente o baila las sevillanas o mantiene el ritmo con las palmas. Yo tenía vergüenza al principio y no quería bailar aunque habíamos practicado todo el semestre. Así que me quedaba allí sentada haciendo las palmas muy a la española digo yo.

Pero luego Roberto estuvo bailando con su hermana y a mi parecer ella lo hacía mal--por lo menos según nos enseñó la profesora. De manera que intervine para mostrarle la manera correcta y de pronto estaba bailando, con la gente aplaudiendo y animándome a que continuara--y así lo hice. La verdad es que si no te animas a bailar durante la Feria, lo pasas bastante mal. ¡Yo me divertí a las mil maravillas!

Durante el día hay muchos desfiles de coches enjaezados,

caballistas con muchachas a la grupa, etc. Todos llevan el traje popular--el de las mujeres es una de las cosas más "típicas" de España: el vestido de tela de lunares y volantes. En el pelo llevan el mantoncillo y casi siempre flores. Y se ven muchas joyas también. Y por la noche la gente se viste de una manera muy elegante. Todo es para lucirse en público, divertirse y estar con familia y amigos. Yo lo pasé estupendamente. Ha sido la semana más agradable que he pasado en España.

Durante la Feria hay una serie de corridas, y generalmente se presentan los mejores toreros de España como, por ejemplo, Curro Romero o Paco Canino. Yo, por supuesto, tenía noticias de la corrida durante todos los años del estudio del español en EEUU. La idea en sí nunca me ha gustado, y una vez aquí no tenía ningún interés en acercarme a la plaza de toros. En casa muchas veces María Cristina y su hermana ven las corridas en la tele y quieren explicarme cada fase del espectáculo. Nunca he prestado mucha atención pero de todos modos es muy diferente en la televisión. No parece real--todo es tan chiquitito y alejado que parece una fantasía, casi un dibujo animado. Pues allí quedaban las cosas hasta que Roberto insistió en llevarme a la Plaza de Toros. Y para no ofenderle, cedí.

Esta primera vez me fue muy difícil. Aunque Roberto trataba de explicarme lo que pasaba, yo estaba tan trastornada que realmente no entendía gran cosa. En cada momento tuve que cubrir los ojos con las manos para no ver lo que ocurría. Detestaba a los picadores, tenía un miedo fatal de que el toro acabara con el matador y me deshacía de tristeza sabiendo que el toro iba a morir de un momento a otro. Fue horrible. Y me sorprendió que no es cuestión de matar a un solo toro sino a seis en cada corrida. Así que al pensar que lo peor había terminado y que podía salir a la calle para tomar una copa--o dos--o tres, Roberto me informó que pronto saldría el próximo toro. ¡Qué va! Pues yo quería llorar, la verdad.

Sin embargo de tripas hice corazón y me puse a observar no sólo lo que pasaba en el ruedo sino también a los espectadores. Noté que gritaban "olé" de vez en cuando--evidentemente como expresión de aprobación. En cambio, cuando un torero obraba mal, varios tiraban los cojines a la arena para hacerle tropezar. No podía creerlo. Después de terminar la corrida, Roberto y yo fuimos a un bar cercano y yo le pedí que me lo explicara todo. Había decidido que si iba a mantener mi interés en la cultura española, entonces me era forzoso entender lo que se clasifica como la "Fiesta Nacional".

Yo le dije que para mí la corrida no es justa; el toro siempre muere. Y me respondió que eso de la justicia no viene a cuenta; no se trata de un deporte sino de un espectáculo--una obra dramática con trama según la cual el toro tiene que morir. Por otra parte, dijo él, se puede clasificar como un tipo de ballet--los toreros se mueven por una serie de pasos tradicionales, siempre con gracia. Y la ropa que llevan, "el traje de luces,"[1] se presta bien a esta interpretación. O quizás, me sugirió, puedes considerarla como una demostración de destreza física--si el torero se porta torpemente, va a quedar o herido o tal vez muerto. Pero más que nada, me dijo, es una contienda entre la inteligencia y la valentía del hombre por una parte y la fuerza bruta del toro y el miedo profundo del torero por otra. O sea, que para el español, para ser valiente, uno tiene que sentir el miedo y, a pesar de sentirlo, dar cara a la amenaza. Y me dijo que el miedo está justificado dado que muchos toreros son muertos y muchos más quedan lisiados para siempre. ¡Mal negocio, digo yo!

Bueno, para volver a la trama, me explicó que además de la procesión ritual del comienzo, hay tres fases o actos (los tercios). En el primero sale el toro y los toreros lo atraen con la capa grande[2]--esto se llama "doblando". Es para observar las características individuales del toro para luego tenerlas en cuenta durante la faena. Sale el picador, el actor más odiado por los norteamericanos, quien tiene la responsabilidad de debilitar con su pica los músculos del pescuezo del toro y, a la vez, de incitarlo a la lucha. Como va montado a caballo, éste muchas veces se encuentra en peligro aunque anda protegido por un "peto".[3] Los caballos a veces mueren por una cornada, me dijo Roberto, cosa que yo nunca quiero ver. ¡Qué asco! Bueno, para hacer que el toro deje de atacar el caballo, los toreros agitan las capas en lo que se llama el "quite".

En la segunda fase los banderilleros meten tres pares de banderillas en el pescuezo del toro. Se lanzan por encima de los cuernos del toro y en el último momento dan un salto al lado. Al principio me gustó esta parte pero luego de ver la sangre corriendo por el lomo del animal...yo no sé.

La última parte se llama la faena. En este tercio el matador sale con la muleta--una pequeña capa roja, hace una

1. traje de luces: el traje muy ajustado, adornado de lentejuelas, que llevan los toreros.
2. capa grande: el capote, rosado por un lado y amarillo al revés.
3. peto: una manta gruesa que protege el caballo de los cuernos del toro.

serie de pases--cada uno con su nombre e historia, y se prepara, o mejor dicho, prepara al toro para el momento de la verdad. Después de demostrar que tiene completo control del toro, lo atrae a sí y lanza el estoque por encima de los cuernos penetrando en el pescuezo del contrincante. Si ha obrado bien, la espada llega hasta el corazón y el valiente animal se desploma en la arena.

El juez, casi siempre notando la reacción del público, juzga la faena del matador. Si el juez considera que éste ha ejecutado bien, puede cederle una o dos orejas o incluso el rabo como símbolos de su logro. El matador, luego, hace el rodeo de la plaza saludando al público.

Las entradas a veces son díficiles de conseguir--especialmente durante los días festivos cuando se presentan los toreros famosos. Roberto sabía conseguirlas pero también he oído que te ayudan en la Oficina de Turismo. Las localidades son de tres tipos: sol, sombra, y sol y sombra. Las de sol son las más baratas pero hace mucho calor y a veces el brillo dificulta la vista de la acción. Los españoles siempre prefieren la sombra--si tienen los fondos necesarios. Al entrar en la plaza puedes alquilar un cojín. Este hace mucho más cómodo quedarte sentado durante varias horas (las gradas son generalmente de hormigón). Una cosa más: en contraste con los demás espectáculos españoles, la corrida tiene fama de comenzar puntualmente, así que, hay que llegar a tiempo.

Querido diario, 22 de abril

Ya lo sospechabas ¿verdad? Acabo de escribirle a Rickey diciéndole que tengo un nuevo novio. A lo mejor no le va a ser ninguna sorpresa. El me ha seguido escribiendo cada dos días pero yo de veras le he escrito muy poco últimamente y cada vez con menos entusiasmo. Lo siento pero no tengo más remedio. Roberto es tan simpático y sabe tanto de todo--siempre tenemos conversaciones muy interesantes--me encanta escuchar sus explicaciones de cosas que yo no entiendo. Y además--sí, hay que confesarlo, es muy guapo. Dice que me quiere. Ojalá sea la verdad.

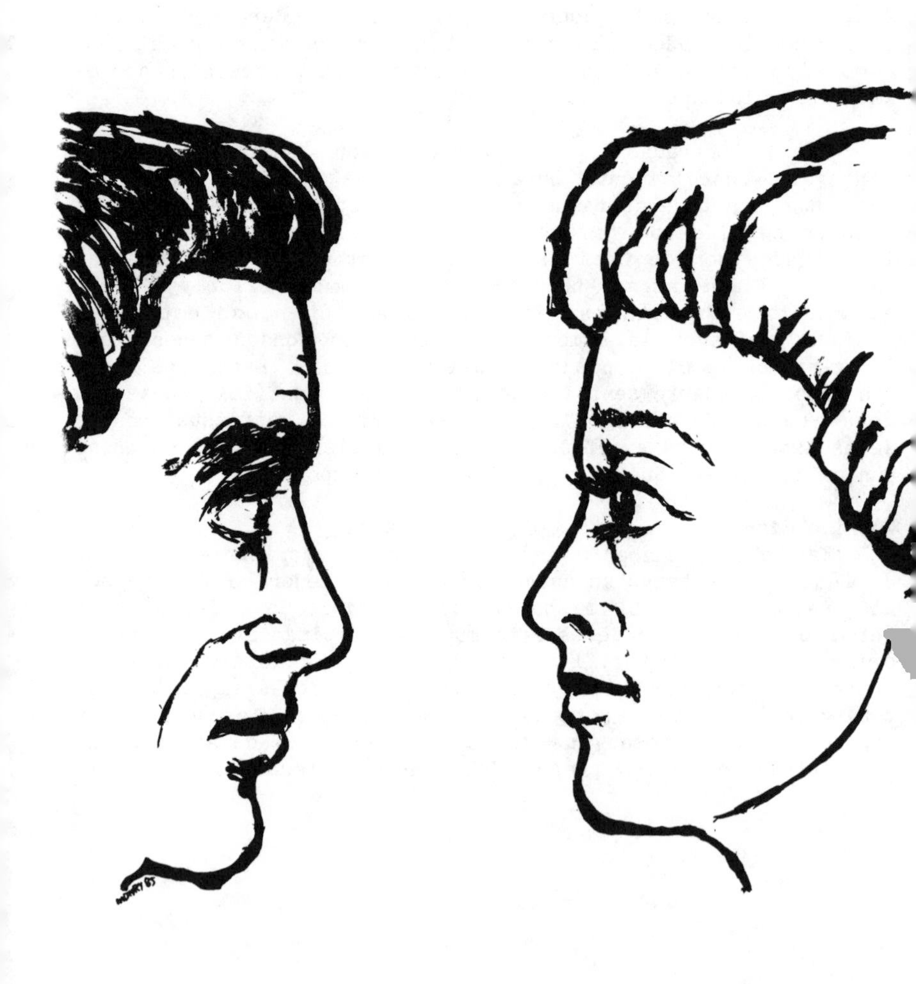

Capítulo XIII

Vocabulario

Sustantivos

bombilla-lightbulb
caseta-booth
cojín-cushion
copa-drink, stemmed glass
corrida-bullfight
desfile-parade
dibujo animado-cartoon
empresa-business firm
fino-dry sherry
joya-jewel
plaza de toros-bullring
tela-cloth
trama-plot
tristeza-sadness
vestido-dress

Verbos

acostarse-to go to bed
agitar-to wave, shake
debilitar-to weaken
dejar de-to stop
encantarle a uno-to "love"
enseñar-to teach, show
incitar-to incite
levantarse-to get up
lisiar-to cripple
lucirse-to show off
llevar-to wear, carry
presentarse-to appear, perform
quedarse-to remain
terminar-to finish
trastornar-to upset

Otras palabras y expresiones

a las mil maravillas-tremendously
a tiempo-on time
del todo-completely
de manera que-so (that)
gran cosa-much
hacer de tripas corazón-to muster one's courage
hacer las palmas-to clap
luego de-after
mejor dicho-in other words
ponerse a-to begin to
por encima de-over the top of
por supuesto-of course
tener en cuenta-to keep in mind
todo lo contrario-just the opposite
venir a cuenta-to be relevant

Capítulo XIII

Práctica de vocabulario

Complete las frases siguientes empleando palabras apropiadas de las listas anteriores.

1. A Sara le __________ los __________ durante la Feria de Sevilla.

2. Todo el mundo se __________ con sus __________ magníficas.

3. Sara se __________ tarde y se __________ a las seis o siete de la mañana.

4. Ella se __________ todo el día en la __________ de la familia de Roberto.

5. Durante la Feria, __________ un __________ típico que había comprado en Sevilla.

6. De noche había muchas __________ en las casetas de las __________.

7. La gente pasó todo el tiempo tomando __________ de __________.

8. Roberto quería __________ le a Sara algo sobre la __________.

9. Con __________ ella dijo que iría puesto que El Cordobés se __________.

10. Antes de entrar en la __________, alquilaron __________.

11. Al comenzar la __________, salieron los toreros vestidos de __________ muy finas.

12. El picador llegó para __________ al toro y para __________ lo a luchar.

13. Esto no fue un __________ y Sara estaba bien __________.

14. El torero se cayó y el toro no __________ de atacar pero nadie quedó __________.

15. Por fin el espectáculo __________ y el público __________ pañuelos como señal de aprobación.

Capítulo XIII

Práctica de modismos

Traduzca las frases siguientes al español.

1. For the most part I enjoyed myself tremendously during the Fair.

2. In fact, if it weren't for the bullfight, I could say that I enjoyed it completely.

3. Of course you understand that the bullfight was Robert's idea.

4. So, I mustered up my courage and went with him.

5. But I didn't like it much.

6. In fact, just the opposite.

7. I had to keep in mind that I was there to learn.

8. Or in other words, to please Robert.

9. When the bullfight started, Robert began to explain all the details.

10. When I saw the banderilleros jumping over the top of the bull's horns, I closed my eyes.

11. The only thing I remember now is that the bullfight started on time.

12. When I told Robert that the bullfight is a cruel sport, he said that that's not relevant.

13. So, I begged him to go back to the caseta.

14. After a few glasses of sherry, I was fine.

15. I clapped in time with the music for a while and then got up to dance.

Capítulo XIII

¿HAS COMPRENDIDO?

1. ¿Cómo es la Feria de abril?

2. ¿Dónde tiene lugar la Feria?

3. ¿Qué son casetas?

4. ¿Qué hace la gente durante la Feria?

5. ¿Por qué se puso Sara a bailar la sevillana?

6. ¿Qué ropa lleva la gente durante la Feria?

7. ¿Qué sabía Sara de la corrida?

8. ¿Cómo reaccionó Sara estando en la Plaza de Toros?

9. ¿Qué hacen los espectadores durante la corrida?

10. ¿Por qué no se debe considerar la corrida un deporte?

11. ¿En qué consiste la valentía para los españoles?

12. ¿Cúales son las fases de la corrida?

13. ¿Cómo se llama el torero que va montado a caballo?

14. ¿Cuál es la función de los banderilleros?

15. ¿Cómo se llama la capa del matador?

16. ¿Cómo se llama la espada que se usa para matar el toro?

17. ¿Qué ropa llevan los toreros?

18. ¿Por qué le sorprendió a Sara que la corrida comenzara a tiempo?

19. ¿Qué significa si le dan una oreja al torero?

20. ¿Por qué prefieren los españoles las localidades de sombra?

21. ¿Por qué tiene Sara tanto entusiasmo por Roberto?

Capítulo XIV

Querido diario, 24 de abril

Hoy les escribí a mis padres. Les dije que me gustaría quedarme aquí por unas semanas después de terminar el curso. No se lo he mencionado a Roberto todavía. Les dije que quiero ver todos los sitios que Nancy vio durante el otoño. Me alegra mucho el que haya estudiado aquí durante la primavera--así he podido conocer las fiestas más importantes de la región. Pero Nancy me ha comentado todo con tanto entusiasmo que me da mucha pena pensar que posiblemente tenga que volver a EEUU sin ver los lugares que ella ha visitado.

A mediados de setiembre, Nancy fue a un festival importante en Jerez de la Frontera que se llama la Fiesta de la Vendimia. Los vinos de Jerez son muy populares aquí en Andalucía aunque también parece que se exportan mucho a Inglaterra. Comienza la Fiesta con la bendición de la uva y el mosto ante la imagen de San Ginés de la Java, patrón de los vitivinicultores de la región. También está presente la Reina de la Fiesta con sus damas de honor. Luego hay una vistosa cabalgata en la que van la Reina y su corte. Además hay un festival flamenco, corridas de toros y exhibiciones de caballos. Para celebrar la excelencia del jerez, tienen concursos de varias clases. Y algunas de las bodegas montan fiestas folklóricas. Debe ser interesante.

A fines de setiembre hay una feria en Córdoba. Córdoba, como Granada, era otro centro importante de la cultura árabe. Por lo tanto es una ciudad de mucho interés turístico. Yo he visto muchas fotos de la Mezquita[1] con sus famosos arcos. En la feria hay bailes de sociedad y bailes folklóricos. También se ven por todas partes jinetes con parejas ataviadas a la andaluza. Como siempre hay varias corridas de toros y mercados de ganado.

El grupo de estudiantes de mi programa suele hacer una

1. Mezquita: una mezquita grandísima convertida en catedral por los cristianos. Los arcos con rayas rojas y amarillas aparecen en muchas fotos.

excursión a Cáceres y Trujillo en octubre. Trujillo tiene fama como la patria chica de Pizarro.[2] El día doce[3] el grupo va al Monasterio de Guadalupe para ver la celebración del Aniversario de la Coronación Canónica de la Virgen de Guadalupe como Reina de la Hispanidad. Hay una procesión de los Caballeros de Nuestra Señora de Guadalupe y vienen peregrinos de toda la región. Como siempre hay bailes y festejos populares y además el monasterio es un sitio que según Nancy merece la pena visitar por sí sólo.

Como parte de esta excursión el grupo va también a Mérida.[4] Mérida, según Nancy, tiene muchísimas ruinas romanas, actualmente en muy buen estado de conservación. Ojalá mis padres me den permiso para visitar estos lugares. Me encanta todo aquí y quiero conocer todos los puntos de interés. Además, es posible que Roberto pueda acompañarme...

Querido diario, 26 de abril

Esta tarde estaba paseando por el parque María Luisa con Roberto y me dijo que sí me quiere. ¡Qué ilusión! Vimos a muchas parejas de enamorados y yo me sentía muy afortunada. Hacía sol, había flores de todas clases y miles de palomas blancas. Sé que suelen representar la paz pero yo las tomé por símbolos de nuestro amor.

Querido diario, 4 de mayo

Acabo de volver de Jerez de la Frontera. Roberto me llevó a la Feria del Caballo que tiene lugar allí todos los años. Aunque no tiene tanto renombre, es incluso más impresionante que La Feria de Sevilla. Tiene muchos de los mismos elementos en cuanto a festejos populares. Hay corridas de toros, y en el parque González Hontoria montan casetas particulares donde cantan y bailan a la música típica. Los hombres llevan el traje típico--chaquetilla abreviada, botas de cuero, y sombrero cordobés. Las mujeres, si no viajan a la grupa, se pasean en carros adornados y, como en Sevilla, todas llevan la mantilla tan famosa de Andalucía.

Pero puesto que ésta es una Feria del Caballo, el caballo tiene aún más importancia. Hay exposiciones y mercado de unos animales magníficos pero hay también carreras de caballos y concursos de doma y enganche. Será algo como los rodeos en Estados Unidos. Claro, para poder aguantar toda esta animación,

2. Pizarro: Francisco Pizarro, conquistador del Perú (1535).
3. El doce de octubre: el día de Colón se llama el día de la Hispanidad en España.
4. Mérida: toma su nombre del emperador romano Augustus Emeritus.

la gente toma mucho vino--del lugar naturalmente. Fuimos a visitar unas de las bodegas que abren las puertas al público. Después de conocer algo del proceso de convertir uvas a néctar, nos dieron todo el jerez que pudiéramos tomar. A mí me costó algo acostumbrarme al fino--tiene un sabor fuerte y algo agrio. Pero con el paso del tiempo he llegado a apreciarlo--especialmente con las tapas. En cambio, el oloroso,[5] que antes me gustaba mucho, ahora no me apetece nada. ¡Cómo cambia una estando en un ambiente muy diferente!

Querido diario, 25 de mayo

Este fin de semana Roberto yo salimos con la moto de un amigo suyo para seguir la peregrinación que se llama la Romería del Rocío.

Yo siempre creía que una romería era un "picnic" o algo por el estilo. Pues es cierto que la gente merienda en el campo, pero la Romería del Rocío por lo menos es un poquito más que una merienda cualquiera. Es una peregrinación anual que hacen grupos de todas las treinta y tres Hermandades que tienen esta Virgen como patrona. Tiene lugar el día de Pentecostés[6] y puesto que la gente viaja en carro o a caballo, algunos tardan una semana en llegar. El domingo hay actos de la romería en el santuario de Rocío---así que se conserva el elemento religioso. Pero esto aparte, hay muchas actividades más mundanas. Lo más interesante para nosotros era ver los carros pintorescos todos adornados con flores y diseños. Hay muchos caballos y la gente lleva trajes típicos. El primer carro de cada grupo se llama el "Simpecado";[7] es el carro de la Virgen y anda cubierto de seda blanca con bordados de oro.

Durante las paradas de camino (donde pasamos la noche en tiendas de campaña) y después de la llegada al santuario, la gente toca castañuelas y guitarras, canta, baila y merienda. En fin, es una fiesta de mucho colorido y en contraste con las otras que he visto, tiene lugar mayormente en puro campo.

Querido diario, 28 de mayo

¡Qué pena! Mis padres me han dicho que no, que no definitivamente. Tengo que volver a EEUU al terminar el curso--o sea, me quedan tres días más. Tres días, Dios mío, ¿cómo me voy a poder despedir de Roberto? ¡Ay! Ni siquiera lo quiero pensar.

5. oloroso: un vino de jerez, negro y dulce.
6. Pentecostés: el séptimo domingo después de la Pascua florida.
7. Simpecado: literalmente, sin pecado.

Hoy fui para comprar regalos y recuerdos. Nancy me acompañó porque ella conoce bien todas las tiendas. A mi padre le interesan mucho las antigüedades y hay muchas tiendas de éstas en el Barrio Santa Cruz. También por allí hay tiendas de cerámica. A mí me gustaría llevar a casa una colección de azulejos pero pesan tanto que no puedo hacerlo. Pero sí compré un juego de platos pintados a mano para mi madre. Después de aprender a bailar la sevillana quería comprarme un vestido y unos abanicos. Hay muchas tiendas alrededor del centro que venden estas cosas folklóricas y también mantillas de encaje y manteles bordados. A mi madre le entusiasma la porcelana de Lladró.[8] Ya tiene una colección, pero voy a traerle unas piezas nuevas que encontré también en el Barrio Santa Cruz. Hay una tienda buena en la Calle Vida--además venden recuerdos de toda clase.

La verdad es que no he comprado muchas cosas aquí en Sevilla. Hay varias razones. Primero, no tengo mucho dinero. Segundo, no he tenido dónde guardar las cosas en mi habitación. Y tercero, no tengo espacio en mis maletas para llevar un montón de objetos que a lo mejor no me harán ninguna ilusión al llegar a casa. Es posible mandar cosas por avión o por barco pero yo no tengo confianza que van a llegar.

Querido diario, 31 de mayo

Aquí estoy, siete millas arriba del Atlántico, casi llorando. ¡Cuánto me ha pasado en los últimos meses! Me es imposible recordar cómo eran mis sentimientos al emprender el viaje a España hace cuatro meses. Yo era otra persona; de eso estoy segura.

No sabía nada de España--o casi nada. Tenía un novio en casa con quien pensaba casarme algún día. No sabía mucho de los EEUU pero creía que mi país era el mejor de todos y que nuestras costumbres y valores eran "normales". ¡Y pesaba muy poco!

Ahora me veo y no me conozco. He aumentado por lo menos ocho kilos. Tengo un novio español a quien ya lo echo de menos de una manera fatal. España ahora es para mí no un país perfecto pero sí un sitio donde se vive bien, donde la gente es simpática, donde las relaciones humanas importan más que las porquerías de horarios, o productividad o incluso de reglamentaciones sociopolíticas. ¿Y Estados Unidos? Bueno, es mi patria y no pienso rechazarla. Pero a la vez ya reconozco que a pesar de algunos valores muy notables--por ejemplo la

8. Lladró: la marca más famosa de estatuillas cerámicas españolas.

caridad--tenemos ciertos defectos también debido al deseo de mantener el control sobre los países menos fuertes del mundo. Y no sólo eso sino que queremos imponer nuestros valores, nuestra lengua, nuestra cultura a los demás cuando no hay razón por ello.

Nunca podré explicar cuánto he aprendido ni cómo lo aprendí. Sólo sé que nunca voy a tener la misma perspectiva cuando piense en mí misma, en mi familia, en mis amigos, en la vida.

Pero todo esto es muy filosófico y yo ahora lo único que quiero hacer es llorar. Así que ¡adiós, Roberto! ¡adiós, Sevilla! ¡adiós, España! Hasta pronto, ¿eh?

Capítulo XIV

Vocabulario

Sustantivos

bendición-blessing
bodega-wine cellar
bota-boot
concurso-contest
confianza-trust
enamorado-person in love
ganado-cattle, livestock
jinete-horseback rider
juego-set
patria chica-hometown
paz-peace
peregrino-pilgrim
reina-queen
seda-silk
uva-grape

Verbos

acompañar-to accompany
aumentar-to increase
casarse-to get married
conservar-to keep, preserve
despedirse-to say goodbye
entusiasmar-to excite
imponer-to impose
llorar-to cry
mantener-to maintain, support
merendar-to snack, picnic
pasar-to spend (time)
reconocer-to recognize
recordar-to remember
traer-to bring
vender-to sell

Otras palabras y expresiones

acabar de-to have just
a fines de-at the end of
a la grupa-sidesaddle on rump
a mano-on hand, by hand
a mediados de-around the middle of
ante-before, in the presence of
dar mucha pena-to make very sad
esto aparte-aside from this
hacer ilusión-to excite
merecer la pena-to be worthwhile
montar fiestas-to hold parties
ni siquiera-not even
por lo menos-at least
por lo tanto-therefore
tener lugar-to take place

Capítulo XIV

Práctica de vocabulario

Complete las frases siguientes empleando palabras apropiadas de las listas anteriores.

1. Sara estaba muy __________ cuando Roberto la invitó a __________ le al festival.

2. La primera cosa que vieron era la __________ de las __________.

3. Luego (R y S) __________ varias horas viendo todos los vinos en la __________.

4. A pesar del gran número de __________, Sara y Roberto no __________ a ninguno.

5. Por la tarde había __________ y los hermosos __________ se pasearon a caballo.

6. Llevaron __________ de cuero negro y camisas de pura __________.

7. Algunos campesinos habían llevado __________ a la Feria para __________ lo.

8. Los oficiales nombraron a una __________ quien habló de la necesidad de __________ en el mundo.

9. Toda la tarde el número de participantes __________ y la policía tenía bastante dificultad en __________ el orden.

10. Parece que unos tíos de poca __________ trataban de __________ su voluntad sobre la de la muchedumbre.

11. Sara y Roberto, los __________, decidieron escaparse para __________ en el campo.

12. Hablaron de __________ se algún día y Sara __________ al pensar que pronto tendría que salir.

13. Quería __________ su estado de felicidad para siempre pero sabía que tendría que __________ se dentro de unos días.

14. En efecto, lo único que quedaba por hacer era comprar el __________ de platos que su mamá quería que le __________.

15. Y luego, de vuelta en la __________, días, semanas, y meses de soledad y mucho tiempo para __________.

Capítulo XIV

Práctica de modismos

Traduzca las frases siguientes al español.

1. Hi! I just got back from Spain and I wanted to tell you about it.
2. Yeh - the experience was really worthwhile.
3. In fact it made me very sad to have to leave for home.
4. One thing I liked was that they hold parties all the time.
5. For example, in the middle of last month I went to a festival in Jerez.
6. I was very excited because my Spanish boyfriend went with me.
7. The festival took place in a huge park or field.
8. There were at least 50,000 people there.
9. I saw lots of horseback riders and the women ride sidesaddle on the rump.
10. They wear beautiful lace mantillas all hand made.
11. Everyone was drinking sherry by the liter but I didn´t see even one drunk.
12. I guess they don´t want to have to appear before the judge - or their wives.
13. I did get sick once at the end of the semester.
14. But aside from this, I had a great time.
15. Therefore, I think you should go next year. What do you say?

Capítulo XIV

¿HAS COMPRENDIDO?

1. ¿Qué quiere hacer Sara después de terminar el curso?

2. ¿Qué fama tiene Jerez?

3. ¿Cómo se llama el monumento más importante de Córdoba?

4. ¿De dónde era Francisco Pizarro?

5. ¿Qué tiene de interés Mérida?

6. ¿En qué consiste la Feria del Caballo?

7. ¿Cómo es el jerez fino?

8. ¿Qué es una romería?

9. ¿Cómo son los carros que van a Rocío?

10. ¿Adónde fue Sara para comprar antigüedades?

11. ¿Qué otras cosas se pueden comprar como recuerdos de Sevilla?

12. ¿Cómo ha cambiado Sara a través de los meses?

13. ¿Cuál es su actitud hacia España?

14. ¿Qué piensa de los Estados Unidos?

15. ¿Piensa volver ella a España?

APÉNDICE

All idioms (modismos) employed in the narrative portion of the text are listed here in alphabetical order. Following each expression, the page number where the idiom is first used has been listed. Thus, students can refer back to context when preparing written or oral exercises involving these expressions.

a boca de jarro-at close range 27
acabar con-to finish off, polish off 72
acabar de-to have just 59
a cada rato-continually 26
a chorro-in a (jet) stream 26
a fines de-at the end of 155
a gusto-comfortable 27
a la española-Spanish style 69
a la grupa-sidesaddle 145
al aire libre-in the open air 98
al alcance-within reach 111
a las mil maravillas-marvelously 143
a la venta-on sale 69
a la vez-at the same time 15
allí mismo-right there 135
a lo largo-along 26
a lo lejos-in the distance 26
a lo mejor-probably 13
al parecer-apparently 4
al principio-in the beginning 16
a mano-on hand,by hand 113
a mediados de-around the middle of 85
a mi alrededor-around me 15
a no ser que-unless 35
a nuestro encuentro-to meet us 132
a partir de X-from X on 5
a pesar de-in spite of 5
a pie-on foot 25
apretar el paso-to speed up 38
a principios-at the beginning 61
arreglárselas-to manage,make do 59
a su(mi) parecer-in his/her/your/their (my) opinion 100
a tiempo-on time 38
a través de-across 62
a veces-at time 71
cada cual con lo suyo-to each his/her own 49
cada vez más-more and more 2
cerrada con llave-locked 13
cintura para abajo-from the waist down 60
cobro revertido-collect 16
cómo no-of course 28
como si nada-without a second thought 26
como si tal cosa-as if nothing had happened 40
¿Cómo va a ser?-What will it be like? 2
con suerte-luckily 80
con todo gusto-gladly 26
cosa de-about 6

costar-to take effort or time	25
cuanto antes-as soon as possible	17
dar a-to face	99
dar cara a-to face	40
dar clases-to teach	96
dar con-to hit upon, come across	36
dar de comer-to feed	110
dar las buenas noches-to say goodnight	72
dar las gracias-to thank	15
darle hambre-to make one hungry	27
darle a uno ilusión-to excite one	70
darle a uno pena-to make one sad	38
darle a uno risa-to make one laugh	4
darle un susto-to scare	4
darse cuenta de-to realize	5
dar una vuelta-to take a walk	41
dar un paseo-to take a walk	26
dar un (el) paso-to take a (the) step	5
dar un salto-to jump, leap	146
de antemano-beforehand	6
de aquí en adelante-from now on	35
de camino-on the way	112
de cerca-first hand, closely	25
de compras-shopping	17
de día-by day	41
de enlace-connecting	4
de esta forma-in this way	79
de esta manera-in this way	123
de inmediato-immediately	5
dejar en paz-to leave alone	28
de lo contrario-otherwise	80
del todo-completely	143
de mala forma-impolite	25
de mal gusto-in poor taste	100
de manera que-so that	143
de noche-at night	41
de nuevo-again	28
de otra forma-otherwise	100
de pronto-suddenly	4
de provecho-profitable	25
de reojo-out of the corner of the eye	26
de repente-suddenly	110
de todas maneras-anyway	4
de todos modos-anyway	5
de todas partes-from everywhere	52
de un solo sentido-one way	36
de veras-really	38

hacer frío-to be cold 29
hacer gracia-to please, amuse 110
hacer ilusión-to excite, thrill 158
hacer juego-to match 110
hacer las palmas-to clap 132
hacer preguntas-to ask questions 36
hacerse-to become 25
hasta el momento-until now 71
hasta la fecha-until now 101
hay de todo-there´s some of everything 69
hay que-it is necessary 16
hubo que-it was necessary 13
ida y vuelta-roundtrip 1
importarle a uno un bledo-not to give a damn 16
largo rato-a long time 101
lo de-the matter of 112
lo poco-how little 96
lo verde-how green 13
luego de-after 146
llamar la atención-to attract attention 41
llegar a-to get to 15
llevar la cuenta-to keep track of the bill 27
llevarse una sorpresa-to be surprised 80
mantener la línea-to stay in shape 70
mantenerse a flote-to keep one´s head above water 1
mantenerse al tanto-to stay in the "know", be tuned in 99
mantenerse en forma-to stay in shape 49
más que nada-more than anything 38
me encanta-I love 1
mejor dicho-better said, in other words, rather 40
merecer la pena-to be worthwhile 156
meter la pata-to stick one´s foot in one´s mouth 86
mientras tanto-meanwhile 1
montar fiestas-to hold parties 155
nada más-only, just 17
nada que ver-nothing to do 5
ni modo-no way 83
ni mucho menos-nor anything like it 27
ni pío-nothing at all 99
ni siquiera-not even 17
no haber más remedio-not to have another solution, not to be another way out 16
no obstante-nevertheless, in spite of 132
no poder-not to be able to manage 28
no poder menos-not to be able to help but 81
no tener más remedio-not to be able to help it 137
no ver el día de-not to be able to wait for 1

tener sueño-to be sleepy 16
tener suerte-to be lucky 6
tener vergüenza-to be embarrassed, ashamed 85
todo lo contrario-just the opposite 143
tomar a sorbitos-to sip 123
tomar vuelo-to take off 4
últimamente-lately 147
unos cuantos-a few 52
valer la pena-to be worthwhile 1
¡vaya...! What (a)! 62
venir a cuenta-to be to the point, to be relevant 146
venir al caso-to be the point, to be relevant 86
venir a ser-to amount to 124
viaje de vuelta-return trip 28
ya está-that´s it; it´s all set 71
ya no-no longer 61
ya que-since 35
y así sucesivamente-and so on 109
y pico-and a little more 5

VOCABULARIO

Note: The following Spanish-English dictionary contains all words used in the narrative portion of the text _except_ those normally learned during the first year of Spanish study.

abanico	fan
abofeteado	knocked around
abrazarse	to hug, embrace
abrazo	hug
abrigarse	to bundle up, dress warmly
abrigo (ropa de)	heavy clothing, warm clothes
aburrirse	to get bored
acabar con	to finish off
aceite	oil
aceituna	olive
acera	sidewalk
acercarse	to approach
acertado	correct, on the mark on target
acertarse	to assure oneself
aclarar	to clarify, clear up
aclimatarse	to adjust to a new environment
acompañar	to accompany
aconsejar	to advise
acostarse	to go to bed
acostumbrarse	to get used to
acudir	to come, show up
adelantarse	to get ahead
adorar	to adore
adorno	ornament, decoration
aduana	customs
aduanero	customs officer
adulterado	adulterated, changed
afán	desire, urge
afición	liking for, fondness of
aficionado	fan
afilar	to sharpen
afligido	sad, heartbroken
afueras	outskirts
agitar	to shake
agotado	out of print
agotarse	to run out, deplete
agradar	to please
agradecer	to thank
agradecido	grateful
agregar	to add
agrio	sour
aguantar	to stand, put up with
agüero	omen
aguja	spire

ahorrar	to save
ajo	garlic
ajustado	tight-fitting
ajustarse	to adjust
albornoz	burnouse, hooded cloak worn by North Africans
alcachofa	artichoke
alcalde	mayor
alcanzar	to go around, reach
alegrarse	to be happy
alegría	joy
alejado	far away
alejarse	to move away
alemán	German
alfombra	rug
aliento	breath
alimentación	food
alioli	a garlicky mayonnaise
aliviar	to relieve
alivio	relief
almacén	department store
alminar	minaret: prayer tower
almirante	admiral
almohadilla	pillow
almuecín	muezzin: Moslem crier who calls people to prayer
alojamiento	lodging
alojarse	to lodge, stay
alquilar	to rent
alumbrar	to light up
amablemente	kindly
amarillento	yellowish
ambiente	environment
amenaza	threat
amigo de confianza	close friend
amistades	friends
anciana	old woman
anchoa	anchovy
andaluz	Andalusian
andanzas	wanderings
andar	to run, go, walk
angula	baby eel
animación	liveliness
animado	lively
animar	to encourage
ánimos	courage

ansiedad	anxiety
ante	before; in the presence of
anteriormente	formerly
antigüedades	antiques
antipático	unfriendly
antojarse	to take a fancy to
anzuelo	fish hook
aparato	appliance, device
apatía	apathy
apegado	hooked
apenas	hardly
aperitivo	cocktail, appetizer
apetecer	to appeal
apetitoso	appetizing
apoyo	support
apresurar(se)	to hurry
apretar	to press, squeeze
aprobación	approval
aprobar	to pass
apropiado	appropriate
aprovecharse	to take advantage, to benefit from
apuntar(se)	to write down (sign up)
arco	arch
arder	to burn
arena	sand, bullring
armario	closet
arrastrar	to drag
arreglar	to arrange
arreglos	arrangements
arriesgarse	to risk, take a chance
arrimarse	to approach
arrugado	wrinkled
asado	roast(ed)
asco	disgust
asegurar	to assure
ascensor	elevator
aseo	personal hygiene
asiento	seat
asistencia	attendance
asistente	helper
asistir a	to attend
asomarse	to stick one's head out (of the door or window)
asombro	amazement
atacar	attack

ataviado	dressed up
atender	to wait on, to attend to
atendido	waited on, attended to
aterrizar	to land
atestado	crammed full
atraco	hold up
atraer	to attract
atraído	attracted
atrapar	to trap
atrayente	appealing
atreverse a	to dare
aula	classroom
aumentar	to increase
autopista	thruway
avisar	to let know
aviso	announcement
ayudar	to help
Ayuntamiento	City Hall
azafrán	saffron
azafata	stewardess
azahar	orange blossom
azulejo	ceramic wall tile
baile	dance
bajar	to descend,go down
bajo	low
bancarrota	bankruptcy
banda	band
bandeja	tray
bandera	flag
banderilla	colorful barbed sticks thrust into bull's neck by the banderilleros
bañarse	to bathe, swim
barato	cheap
barbaridad	see ¡qué barbaridad! in Appendix I
barco	ship
barra	bar
barrio	section of city
basílica	large church
belleza	beauty
bendición	blessing
berenjena	eggplant
besarse	to kiss
beso	kiss

bidet	a low, bowl shaped porcelain bathroom fixture equipped with running water used for bathing the crotch
bienestar	welfare
bienvenido	welcome
bilingüe	bilingual
billete	ticket, bill (currency)
blando	soft
bobada	stupidity
bocadillo	sandwich
bodega	wine cellar
bohemio	bohemian, "hippie"
bolsa	bag, handbag
bolsillo	pocket
bombilla	lightbulb
bonachón	good-natured, kind
bonito	pretty
boquerones	pickled (not salted) anchovies
bordados	embroidery
borracho	drunk
bota	boot
bote	boat
botica	boutique, small shop
botón	button
brasero	heater
bravo	rough
brecha	gap
breve	brief, short
brillar	to shine
brillo	shine, glare
broma	joke
brisa	breeze
bufanda	scarf
burlar(se)	to deceive, seduce, (make fun of)
buscar	to look for
cabalgata	cavalcade, mounted procession
caballista	horseback rider
caballo	horse
caber	to fit into
cabina	booth
cabra	goat

cabrito guisado	stewed kid (young goat)
caer(se)	to fall (down)
caja	cashier, box, drawer
caja de ahorros	savings bank
calabaza	squash, pumpkin
calamar	squid
calcetín	sock
caldo	broth
calefacción	heat, heating system
calentado	heated
calentador	heater
cálido	warm, hot
caliente	warm, hot
califa	caliph, an Arab ruler
calmar	to calm
calzado	shoes, footwear
callarse	to keep still
cambiar	to change
cambio	change, exchange(rate)
caminar	to walk, travel
camiseta	T-shirt, undershirt
campanario	bell-tower
canalla	scoundrel
cancela	front door (outside)
canela	cinnamon
cansado	tired
cansancio	tiredness,exhaustion
cansar	to tire, bore
cantaor	flamenco singer
cante	song
cantinero	bartender
capacidad	skill, ability
capaz	capable
capilla	chapel
capricho	whim, impulse purchase, treat
captar	to capture
capucha	hood
cara	face
carabinero	bright red crayfish
cargar	to carry
caridad	charity
cariñoso	affectionate, nice, warm
cariño	affection
caro	expensive

carrera	career, job professional course of study; race
carretilla	hand cart
carro	wagon
"carroza"	old-fashioned
cartel	poster
cartelero	billboard
cartera	wallet
casarse	to get married
casero	household
caseta	booth
castañuela	castanet
catedrático	full professor
cebolla	onion
ceder	to concede, give in
cenar	to dine, have dinner
céntimo	cent, 1/100 peseta
cerdo	pork, pig
certeza	certainty
cerveza	beer
césped	lawn
cintura	waist
circulación	traffic (movement)
cita	date
citarse	to make a date
cobrador	ticket taker,collector, conductor
cobrar	charge, collect
cocido	chick pea stew
coctel	cocktail party
cochinillo asado	roast suckling pig
codo	elbow
cofradía	religious brotherhood
coger	to take, catch, grab
cohibido	inhibited
cojín	cushion
colarse	to sneak in, squeeze in, cut in
colgar	to hang up
colina	hill
colocar	to place
colorido	color
comentario	comment
comenzar	to begin
comestibles	food
comienzo	beginning
comodidad	comfort, convenience

cómodo	comfortable
compañero de cuarto	roommate
compartir	to share
compatriota	fellow countryman
compenetrar	to sink in
competencia	contest, competition
comportamiento	behavior
comportarse	to behave
comprobar	to prove
conceder	to concede, grant
conciencia	awareness
concretar	to give concrete examples
concurrido	crowded
concurso	contest
condenado	damned
conductor	driver
conejo	rabbit
conferencia	long distance call
confianza	confidence, trust
confitería	sweet shop
conformidad	agreement
confuso	confused, confusing
conquista	conquest
consciente	conscious, aware
conseguir	to get
consejos	advice
conservar	to keep
construir	to construct
consumición	food and/or drinks consumed in a restaurant, etc.
contagiarse	to catch, infect oneself
contaminación	pollution
contenerse	to control onself
contienda	contest
contrincante	opponent
convencer	to convince
convenido	agreed upon
copa	stemmed glass,drink
cornada	puncture wound made by a horn
coro	choir
correa	strap
corrección	propriety
corregir	to correct
correo	post office; mail

correr	to run, drive fast
corrida	bull fight
corriente	regular
cortar	to cut
cortés	polite
costal	sack, bag
costalero	man who carries a "paso"
costar	to cost, take (effort, time)
costear	to pay for, afford
costoso	expensive
cotización	quote, rate
creencia	belief
criada	maid, servant
cric	sound of scissors
cruz	cross
cruzar	to cross
cuadro	square
cualquier	any
cuandoquiera	whenever
cuaresma	Lent
cubierta	covered
cubrir	to cover
cuchillo	knife
cuenta	bill (to pay)
cuenta corriente	checking account
cuerda	rope, cord, line
cuerno	horn
cuero	leather
cuerpo	body
cueva	cave
cultivos	crops
cumplir	to carry out, fulfill, comply
cuota	fee, dues
curiosear	to poke around
cursi	in bad taste
curso	semester or academic session
chalé	detached house with yard
chaleco de plumón	down vest
chapuza	part-time job
chaquetilla	short jacket
charlar	to chat
chico	small, young person
chipirón	baby squid

chirla	small clam
chisme	gadget; gossip
chismear	to gossip
chocar	to shock, collide with
chofer	driver
choque	shock
chorizo	typical Spanish sausage
chuleta de cerdo	pork chop
chumbera	prickly pear
churros	fried dough somewhat similar to doughnuts
dama	lady
dato	fact
deber	to owe, should, ought
debido	due to
debilidad	weakness
debilitar	to weaken
dedo	finger
defectuoso	defective
dejar	to leave
delantero	front
delicadeza	delicacy, delicateness
delincuencia	crime
demás	rest
demasiado	too, too much
demora	delay
deporte	sport
derecho	right
desaparecer	to disappear
desarrollar	to develop
desastre	disaster
descalzo	barefoot
descansar	to rest
descanso	rest
descenso	descent
desconocido	stranger
descubrir	to discover
descubierto	discovered
descuento	discount
desembarque	unloading
desembocar	to flow into
desenvolverse	to let oneself go
desfile	parade
deshacer	to unpack
deshacerse	to get upset, worked up
deshonestamente	lasciviously
desilusionante	disappointing

desnaturalizado	denatured, processed
despacio	slow(ly)
despacho	office
despedida	farewell
despedirse	to say goodbye
despertar	to wake up
despierto	awake
despistar	to mislead, confuse
desplomarse	to fall down
después	after
destacarse	to stand out
destino	destination
destreza	skill
desvelarse	to stay up all night
desviarse	to get off the track
desvío	detour
detalle	detail
detenerse	to stop
Día de Acción de Gracias	Thanksgiving Day
dialogar	to discuss
diariamente	daily
dibujo	drawing
dibujo animado	cartoon
dictar	to teach
dificultar	to make difficult
dineral	fortune
dirección	address
dirigir(se)	to direct toward, to address toward, turn attention to, head to
disculparse	to apologize
discusión	argument
discutir	to discuss, argue
diseño	design
disfraz	mask, disguise
disfrutar	to enjoy
disgustar	to displease
disgusto	unpleasantness
disminuir	to decrease
disponerse	to decide to, agree to
disputar	to argue, dispute
distinto	different
diversión	fun, entertainment
divertirse	to enjoy oneself
divisas	foreign currency (exchange)

doblando	the initial phase of the bullfight when the bull is coaxed to charge the large cape
doler	to ache, pain, hurt
dolor	pain
doma	training (animal)
domicilio	home, address
dominio	mastery, control
dormitorio	bedroom
drogadicto	drug addict
ducharse	to take a shower
duda	doubt
dueño	owner
dulce	sweet, candy
durar	to last
duro	a coin of 5 pesetas
edad	age
edificio	building
efectivamente	in fact
ejecutar	to execute, carry out, do
ejemplificar	to exemplify
ejercicio	exercise
ejercitarse	to exercise
elegir	to choose
elogio	praise
emancipado	liberated
embarcar	to take off,leave, sail away
emborracharse	to get drunk
embutido	sausage
emoción	excitement
emocionado	excited
emocionante	exciting
empaquetar	to wrap up
empeñarse en	to insist on
empleado	employee
empleo	employment, work
emprender	to undertake, embark on
empresa	business, company
empresarial	business management
empujar	to push
empujón	push, shove
enajenado	alienated
enamorado	lover
encaje	lace
encantarle a uno	to love

encargado	person in charge
encargarse	to take charge of
encendido	turned on
encender	to turn on, to light
encerado	waxed
encima	on top
encontrarse	to be (located)
encuentro	encounter, meeting
enchufe	plug(electric outlet)
enfadarse	to get angry
enfermarse	to get sick
enfriarse	to get cold
enganche	harnessing, hitching up
engañar	to cheat, deceive
engaño	deception, fraud, trick
engordar	to make fat
engordarse	to get fat
enjaezado	harnessed
enlace	connecting
enojarse	to get angry
ensayar	to try out, practice
enseñar	to show, teach
entablar	to establish, begin, set up
entender	to understand
enterarse	to find out, learn
enterrado	buried
entonarse	to be tuned in to
entrada	entrance, ticket
entrega	delivery
entrenarse	to train, practice
enretener	to entertain
entusiasmado	enthusiastic
enumerarse	to be spelled out, broken down, listed separately
envasado	packaged
envasamiento	packaging
enviar	to send
época	time, season
equipaje	luggage
equitación	horseback riding
eqivocación	mistake
equivocarse	to make a mistake, be wrong
equívoco	mistake
erróneo	wrong
escabeche	pickling sauce

escala	stop
escalera	stairway, ladder
escalera mecánica	escalator
escandalizarse	to be shocked
escaparate	store window (display)
escena	scene
escoger	to choose
escritorio	desk
esculpido	sculptured
esforzarse	to make an effort
esfuerzo	effort
espacio	space, room
espada	sword
esparcido	scattered,spread around
espárragos	asparagus
especie	kind, sort
espectáculo	show
espejo	mirror
espera	wait
esponja	sponge
esquina	corner
establecer	to establish
estacionarse	to park
estambre	stamen (of flower)
estancia	stay
estanco	stand, booth
estanque	pool
estante	shelf
estofado	stew
estoque	bullfighter's sword
estorbo	obstacle
"estrecho"	"straight"(puritanical) strait(geographical) narrow
estrella	star
estrenar	to debut
estropear	to ruin
evitar	to avoid
evolucionar	to evolve
éxito	success
expandirse	to live it up, enjoy oneself
expansivo	affable, generous
expediente	transcript
experimentar	to experience
explicar	to explain
exposición	exhibition
extranjero	foreigner

extrañar	to surprise, miss
extraño	strange
fabricación	manufacture
facturar	to check baggage
faena	capework
fallo	mistake
faltar	to be lacking, to miss
famélico	starved
familiar	member of family
fase	phase
fatal	terrible
fecha	date
ferretería	hardware store
ferrocarril	railroad
festejo	celebration
fiarse	to trust
fideos	noodles
fiebre	fever
fijar(se) en	to post, hang up, attach (notice)
fila	row
flamenco	Andalusian folk dance
filete	filet, steak
fino	a dry white sherry wine
flan	a custard-like dessert
flojo	weak
folleto	brochure
fomentar	to promote,encourage
fondos	funds
forma	form, shape
formulario	form (to fill out)
fregar	to wash
freír	to fry
frescura	freshness
frito	fried
frontera	border
fuego	a light (for cigarette)
fuente	fountain
fuerza	force, strength
fumar	to smoke
funcionar	to work
funcionario	office worker, bureaucrat
fúnebre	funereal, morbid
gai	gay
galleta (dulce)	cracker (cookie)
gamba	shrimp
gana	urge, desire

ganado	cattle
ganga	bargain
garganta	throat
gastar	to spend
gasto	expense
gazpacho	a cold soup made from tomatoes, cucumbers, peppers, etc.
geranio	geranium
gesticular	to wave, gesticulate
gira	tour
girar	to turn
giro	slang expression
gitano	gypsy
glándula	gland
gordo	fat
gorra	cap
gracioso	funny
gradas	grandstand, bleachers
grasa	grease
gratis	free
gripe	flu
gritar	to shout
grosería	disgusting comment
grueso	thick, coarse
grupa	rump (of horse)
guante	glove
guapo	pretty, handsome
guardar	to store,keep,save,put away,guard
guía	guide, guidebook
guisado	stew
guisante	pea
guiso	dish
gula	gluttony
gusto	pleasure, taste
haba	fava bean
habitación	room
habla	speech
halagar	to flatter
hartarse	to stuff oneself, get fed up with
helado	ice cream
herido	wounded
herir	to wound
Hermandad	Brotherhood
hielo	ice

hígado	liver
hinchado	swollen
historia	story
hombro	shoulder
hora punta	rush hour
horario	schedule
hormiga	ant
hormigón	concrete
hospedarse	to stay
hostal	hostel
hueco	hollow (space)
huele (oler)	smells
huerga	party, spree (see also juerga)
humor	mood
huy	wow
ilusión	excitement, anticipation
imagen	picture, image
impedir	to impede, prevent
impermeable	raincoat
imponer	to impose
importar	to matter
importe	cost, bill
imprescindible	absolutely necessary
impresionante	impressive
impresionar	to impress
inclinar	to tip (back)
incluir	to include
incluso	even
incomodidad	discomfort
inconveniente	difficulty, setback, objection
informe	report
influir en	to influence
infusión	tea
ingenuo	naive
ingresos	income
iniciar	to start
integrarse	to join in, mix in, adopt
interesar	to interest
intentar	to try
intimidad	intimacy, closeness
jabón	soap
jamás	ever, never
jamón serrano	mountain cured ham

jerez	sherry, a fortified wine
jinete	horseback rider
jolgorio	revelry, merriment
joya	jewel
judía verde	green bean
juego	set
juerga	party(ing); drinking (alcohol)
juez	judge
juicio	judgment
jurar	to swear
justo	fair
juzgar	to judge
lado	side
ladrillo	brick
lágrima	tear
lana	wool
langosta	lobster
lanzarse	to jump in
largo	long
lástima	pity
lastimar	to hurt
lata	tin can; hassle
lejos	far
lenguado	sole (fish)
lentamente	slowly
lentejuelas	sequins
lentitud	slowness
letrero	sign
levantarse	to get up
librería	bookstore
ligarse	to pair up with
limosna	alms
limpiar	to clean
lino	linen
lío	hassle
lisiado	crippled
local	place
localidad	seat in theater, bullring, etc.
lograr	to manage, succeed in, achieve
logro	achievement
lomo	back, loin
lona	canvas
loro	parrot
lucirse	to show off

lucha	fight, struggle
lugar	place
lujo	luxury
lujoso	luxurious
luna	moon
lunar	polka dot
luz	light, electricity
llamar	to call
llano	plain
llave	key
llegada	arrival
llevar	to carry, wear, bring, take
llorar	to cry
llovizna	drizzle
machismo	belief in male dominance
machista	male-centered
macho	male, man, "he-man"
madera	wood
madrugada	early AM
malagueño	Malagan (style)
maleducado	discourteous, impolite
malentendido	misunderstanding
maleta	suitcase
malhumorado	grouchy
mancha	spot, bad spot
mandar	to send, order
mandona	bossy (person)
manejable	manageable
manejar	to control
manejo	control, handling
manga	sleeve
manifestación	demonstration
manta	blanket
mantel	tablecloth
mantenimiento	maintenance, support
mantener	to maintain
mantequilla	butter
mantilla	veil, kerchief
mantoncillo	lace shawl
maquillaje	makeup
máquina	machine
maquinilla	appliance
maravilla	marvel
marca	brand
marcharse	to go away

marearse	to get seasick
mareo	tide, waves, seasickness
marginado	outcast, under-privileged, excluded
mariposa	butterfly
marisco	shellfish
Marruecos	Morocco
matadero	butchershop
matador	bullfighter, the one who eventually kills the bull
matar	to kill
materia	subject matter, course material
matrícula	tuition, registration fee
mayoría	majority
mayúscula	capital letter
mazapán	marzipan (almond paste candy)
medina	a leather and rug shop in North Africa
mejilla	cheek
mejillón	mussel
mejora	improvement
mejorar	to improve
melindroso	fussy, finicky
mendigar	to beg
mendigo	beggar
mensual	monthly
mente	mind
merecer	to deserve
merendar	to picnic
merienda	snack, picnic
mermelada	marmelade
mero	mere
meseta	plateau, tableland
meta	goal
meterse	to go into, get into
mezcla	mixture
mezquita	mosque (Moslem place of worship)
microbio	germ
miedo	fear
miércoles de ceniza	Ash Wednesday
miles	thousands
minusválido	cripple
mitad	half

moda	fashion
modelo	model
moho	mould
mojado	wet
molestar	to bother
molestia	bother
mono	cute
moneda	coin
montar	to build, set up
monte	hill
montón	a huge pile
morir	to die
moro	Moslem, Arab, or North African
mosto	grape juice
mostrador	counter
mostrar	to show
moto	motorcycle
movedizo	moving, movable
mueble	a piece of furniture
mueca	face, grimace
muestra	sample
muleta	small red cape used in last phase of bullfight
multa	fine
música ligera	popular music
musulmán	Moslem, Arabic
narices	nostrils
natación	swimming
naturaleza	nature
navideño	Christmas
negarse a	to refuse
negocio	business
nene	baby
nieto	grandson
nivel	level
nivelización	leveling
nombre de pila	first name
nopal	prickly pear cactus (also called chumbera)
norma	norm, custom
novedad	fashion, fad
novio	boyfriend
nube	cloud
obrar	to work, to perform
odiar	to hate

ofrecer	to offer
oído	ear (inner)
ojalá	I hope, let's hope
ola	wave
olor	odor, smell
oloroso	a sweet sherry
olvidar	to forget
onza	ounce
oración	prayer
oreja	ear
oro	gold
oscurecer	to darken
otoño	autumn
otorgar	to grant
oyente	audit
orpadecer	to suffer
paisaje	landscape
palabrota	foul language
palma	palm (hand)
palmera	palm tree
paloma	pigeon, dove
pana	corduroy
pandilla	gang
pantalón	pants
paño	cloth
papeleo	paperwork, "bureaucracy"
paquete	package
par	pair, couple
parada	bus stop
parado	standing
paradoja	paradox, contradiction
paraguas	umbrella
paraíso	paradise
pararse	to stand (up)
pardo	brown
parecer	to seem
pared	wall
pareja	couple
paro	unemployment, lay off
particular	private
partido	party,game
partir	to leave
pasada	overripe, rotten
pasajero	passenger
pasar	to happen, spend
pase	pass

pasearse	to stroll, go for a walk
paseo	walk
pasillo	hall
paso	step
paso	religious float carried during Easter processions
pasta dentífrica	toothpaste
pastel	pastry, pie
pastelería	bakery
pata	animal's foot or leg
patria	native country
patria chica	hometown
patrón	patron saint
pavo	turkey
payo	gypsy term for non-gypsy
paz	peace
peaje	toll
pecado	sin
peces	fish
pecho	chest, breast
pedaleo	pedal
pedir	to ask for, order
peinado	hairdo
pelar	to peel
peligro	danger
pelo	hair
peluquería	barbershop, hairdressers
pena	shame, embarrassment, emotional pain
penoso	emotionally painful
pensamiento	thought
pensar	to think, intend
pensión	boardinghouse
perder	to lose, miss
perdición	ruin, undoing
perdurar	to last
peregrinación	pilgrimage
peregrino	pilgrim
perezoso	lazy
perjudicar	to hurt, harm, damage
persecución	pursuit
pesado	lousy, difficult, heavy

pesar	sorrow, hassle, stress
pescador	fisherman
pescuezo	neck (animal)
peseta	Spanish unit of currency
peso	weight
pestaña	eyelash
peto	padding used to protect horse during bullfight
pica	lance
picador	mounted bull-fighter who attacks the bull's neck with a lance
piedra	stone
piel	skin, fur
pieza	unit (of a building)
píldora	pill
pincho	small kabob
pintor	painter
pipa	sunflower seed
piropo	flirtatious comment
pisar	to step on
piscina	swimming pool
piso	floor, apartment
pista	track, runway, paved surface, dance floor
placer	pleasure
plano	map, street plan
planta	floor
platicar	to chat
plaza de toros	bullring
playa	beach
plegable	folding
podrido	rotten
policromado	multicolored
pollo	chicken
polvo	dust
ponerse	to become
ponki	punk
porcelana	porcelain
porquería	"rubbish"
portamonedas	coin purse
portarse	to behave, conduct oneself

poseer	to possess
posibles	wealth, funds, money
postre	dessert
precavido	forewarned
preceptora	tutor, coach
precio	price
predilecto	favorite
preguntarse	to wonder
prejuicio	prejudice
prenda	article of clothing
preocuparse	to worry, concern
preparativos	preparations
presa	prey
presenciar	to watch, witness
presentar(se)	to introduce,(appear)
presionar	to pressure
prestar	to lend
prestigio	prestige, status
presumir	to assume
presupuesto	budget
prevenir	to warn
primavera	Spring
principio	beginning
probar	to try
proceder	procedure, course of action
proeza	prowess, powers
profesorado	faculty
profundidad	depth
progre	modern person
promedio	average
prometer	to promise
pronto	soon
propietario	owner
propio	own
proponer	to propose
propósito	purpose
provecho	benefit
proveer	to provide
próximo	next
proyecto	project, plan
publicidad	advertising
puente	bridge
puerto	port
puesto	stand, job
pulgada	inch
pulpo	octopus

puntiagudo	pointed
puré de patatas	mashed potatoes
quedar	to be, remain, stay, be located, be left
quehaceres	chores, errands
quejarse	to complain
quitar	to take off
quite	removal (drawing the bull away from whatever he is attacking)
quizás	perhaps
rabo	tail
ración	serving, portion
raíz	root, origin
ranura	slot
rascarse	to scratch
rato	while, time
razonamiento	rationalization
reanudar	to take up again
recelar	to distrust
receta	prescription
recinto	campus
recoger	to pickup, collect
reconocer	to recognize
recordar	to remember
recorrido	trip
recreo	recreation
recuerdo	souvenir
recurso	resource
rechazar	to reject
red de copo	a type of fishing net pulled in from the beach
reemplazo	replacement
referir	to tell
reflejado	reflected
refrán	proverb
refresco	soft drink
regalo	gift
regañar	to chew out, chastize, criticize
regla	rule
reglamentación	rule
regresar	to return
rehusar	to refuse

reina	queen
reírse	to laugh
relacionarse	to relate
rellenar	to fill out;stuff
remontar	to date back to
renombre	fame, reknown
renunciar	to give up
repartido	divided up
repartir	to distribute
repasar	to review
repleto	full
reponer	to reply
repugnancia	aversion
requerimiento	demand
requerir	to require
requisitos	requirements
reserva	reservation
residencia	dormitory
respaldar	back (of seat)
respuesta	reply
restos	remains
resultar	to turn out
retener	to retain
retroceso	going back
revisar	to check out
revisor	conductor
revista	magazine
Reyes Magos	Wise Men
riesgo	risk
riña	argument
risa	laughter
robar	to steal
rodar	to roll (down)
rodeado	surrounded
rodear	to surround
rodeo	rounds
rojizo	reddish
rollo	hassle
romería	a religious excursion to a shrine
romper	to break
ropa interior	underwear
roto	broken
rozar	to rub, rub against
rubio	blond
ruedo	bull ring
ruego	begging
ruido	noise

sabiduría	wisdom
sabor	taste
sabrosísmo	very delicious
sacar	to take out
saeta	sacred song in flamenco style sung in Holy Week processions
sagrado	holy, sacred
salchicha	type of sausage
salida	departure; (sun)rise
salón	living room
salsa	sauce, gravy
salto	jump, leap
salud	health
saludar	to greet
salvar	to save
salvo	safe
sangre	blood
sano	healthy
santuario	sanctuary
secadora de pelo	hairdryer
secar	to dry
seco	dry
seda	silk
seguir	to follow, continue
sello	stamp
semáforo	stoplight
sensación	feeling
sensato	sensible
sentido	sense, meaning
soler(ue)	to usually
solicitud	application
soltar	to release,let go, "spit out"
soltero	single, unmarried
sombra	shade, shadow
sonar	to sound, blow
sonreírse	to smile
soñar con	to dream about
sotana	cassock, priest´s robe
sótano	basement
subasta	auction
suciedad	dirt, filth
sucio	dirty
sudar	to sweat

sueca	literally, Swedish woman; metaphorically, any foreign woman considered to be sexually liberated
suelo	floor, ground
suelto	loose, separated
suerte	luck
sugerir	to suggest
sumamente	extremely
superficie	surface
suponer	to suppose
susto	scare
tablao	nightclub where flamenco is performed
tacaño	stingy
taco	"dirty" or "swear" word
tacón	heel
tajo	gorge
tallado	carved
tamaño	size
tampoco	neither
tapa	appetizer
tapiz	tapestry
taquillero	ticket seller
tardar	to take time
tarea	homework
tarifa	fee, charge
tarjeta	card
tasca	tavern, bar
techo	roof, ceiling
teja	tile (roof)
tela	cloth
telefónica	telephone office
telefonillo	intercom
tema	subject
temer	to fear
temporada	season, stay
tender	to hang up
tenedor	fork
tentar	to tempt
tercio	1/3, third part
terminar	to finish
término	term; end
ternera	veal
terrenal	earthly

tienda de campaña	tent
tierno	tender
tijera	scissors
tinto	red wine
tío	uncle, guy
tirante	strap
tirar	to throw, pull
tirón	purse snatching
tiza	chalk
toalla	towel
tocar	to play, touch
todavía	yet, still
tontería	foolishness
torcido	twisted
torero	bullfighter
torneo	tournament
torpemente	clumsily
torre	tower
tortilla española	thick omelet with potatoes and (usually) onion
tortuoso	windy, twisty
traer	to bring
tragar	to swallow
traje	suit
trama	plot
trampa	trap
tranquilizar	to calm
transbordador	ferry boat
transformador	transformer
trasladarse	to move, transfer
trastornado	upset
tratar de	to try to
tratarse de	to be a question of, a matter of, about
trato	dealings, relations
travesía	crossing
travesti	transvestite, man who wears women's clothing
tristeza	sadness
tropezar	to trip
truco	trick
túnica	robe
tutear	to use familiar form of address (tú)

ubicarse	to be located
últimamente	lately
unirse	to unite, join
urbanización	housing development
utilizar	to use
uva	grape
vacilación	hesitation
vacilar	to hesitate
vacío	empty, empty space
vago	vague
vagón	car (train)
valentía	bravery, courage
validez	validity
valioso	valuable
valor	value
vanguardia	forefront
vaqueros	blue jeans
variar	to vary
varios	several, various
vela	candle
veleidoso	fickle
velocidad	speed
vencer	to conquer, win
vender	to sell
vendimia	grape harvest
venta	sale
ventaja	advantage
ventajoso	advantageous
ventanilla	window (in bank, theater, etc.)
veraneo	summer vacation
verdura	green vegetables
vergüenza	shame, embarrassment
vestido	dress
vestirse	to dress
viaje	trip
vicio	bad habit
vidriera	stained glass
vidrio	glass
viento	wind
virarse	to dodge, turn
vista	view
vistoso	showy, colorful
vitivinicultor	winegrower
viuda	widow
volante	ruffle
volar	to fly
volcán	volcano

voluntad	will, will power
voz	voice; word
vuelo	flight
zapatillas de tenis	sneakers
zigzaguear	to zigzag
zumbar	to buzz, hum